À ceux qui nous ont offensés

Maxime DesGranges

À CEUX QUI NOUS ONT OFFENSÉS

Scènes de la vie judiciaire

le cherche midi

Vous pouvez consulter notre catalogue général
et l'annonce de nos prochaines parutions sur notre site :
www.cherche-midi.com

92, avenue de France
75013 Paris

Conception graphique : Justine Dupré
Composition : Peter Vogelpoel
Dépôt légal : mai 2024
ISBN : 978-2-7491-8072-4

À mes deux lectrices

AVERTISSEMENT

Toute ressemblance avec des scènes ou des personnes réelles n'étant pas fortuite, les noms, prénoms et certains lieux ont été modifiés afin de préserver l'anonymat des prévenus et des victimes.

Les fautes de français et les inexactitudes syntaxiques et factuelles ont été retranscrites telles qu'entendues par l'auteur.

Bien que les notes qui suivent soient tirées de faits, de dialogues et de dossiers existants, ce livre doit être considéré d'abord et avant tout comme un objet littéraire.

« Radieux : “J’aurais pu avoir plus!” s’est écrié l’assassin Lebret, condamné, à Rouen, aux travaux forcés à perpétuité. »

Félix Fénéon,
Nouvelles en trois lignes.

« Les lignes de ce cruel et sagace observateur élucident, à travers les difficultés de raccourcis follement elliptiques, la mécanique de tous les mouvements. »

Félix Fénéon sur Degas, *Les Impressionnistes en 1886.*

PRÉAMBULE

Bienvenue dans « le caniveau de la société ».

L'expression ne vient pas de moi, mais d'un huissier de la salle des comparutions immédiates, un jour qu'il bavardait avec un groupe de retraités assis au deuxième rang. Il ne parlait évidemment pas du tribunal – il utilise alors le mot plus noble de « sanctuaire » –, mais des prévenus eux-mêmes, lesquels se succèdent à longueur d'après-midi dans le box, et dont le profil varie peu : toxicos ; sans-abri ; miséreux ; cas sociaux ; rebuts ; pouilleux ; clandos ; pochetrons ; violents ; roublards ; racailles ; zinzins ; désespérés et désespérants. Parfois tout à la fois.

« Toujours les mêmes », a-t-on entendu souffler dans les rangs du public à leur sujet. C'est globalement vrai, et la lecture de ces pages ne le contredira pas. Il faut néanmoins garder à l'esprit ce qui peut conduire à cet énoncé : le biais d'échantillonnage. C'est que cette procédure n'est pas pour tout le monde. Pour le dire simplement : plus on est pauvre et en difficulté sociale, plus on y passe. Et plus on y passe, plus on a de chances d'aller en prison. Et plus on va en prison, plus on renforce ses difficultés sociales. Et ainsi de suite.

On dit qu'il y a des raisons à ça. Des études existent, pleines de statistiques et de chiffres passionnants, établies par des organismes, des ministères et des observatoires. Elles sont en libre accès, je vous y renvoie. Ce n'est pas le propos de ce livre, qui se veut n'être que paroles et situations.

Le tribunal est l'un des derniers endroits où la parole est accordée à chacun, y compris à ceux que personne en dehors de ces murs n'a envie d'écouter. Seulement, dans l'espace contraint d'une audience dont la durée moyenne dépasse à peine les trente minutes, et tout engoncée dans son habillage procédural, la langue ne peut être que fragmentaire, raccourcie, compactée.

Induit en erreur par quelques grandes figures de l'éloquence, on imagine les prétoires comme un temple de l'art oratoire ; or, dans les faits, rares sont les locuteurs qui font preuve d'une parfaite maîtrise du langage, si bien qu'on entend finalement, quand on sait tendre l'oreille vers la réalité, davantage de balbutiements, de tâtonnements, de silences, de grossièretés et de raisonnements mal conçus que de coups d'éclat rhétoriques, qui, quand ils surviennent enfin, nous prennent par surprise. C'est que les audiences correctionnelles ordinaires n'ont pas le prestige des cours d'assises : pas le temps pour les grands discours. Il s'agit d'abord de *respecter la procédure.*

Une audience est comme une messe : c'est l'application d'un protocole, un système précis et partout identique de codifications. On se lève, on s'assied. On récite, on répète, on invoque des textes abscons que les premiers concernés ne comprennent pas mais que nul n'est censé ignorer.

Heureusement, il arrive encore que s'échappent de cet édifice rigide des moments d'humanité, c'est-à-dire de drôlerie, de tragédie, d'absurdité, d'émotion, de violence. Oserais-je dire, enfin, quelques moments de grâce, auxquels, quoiqu'on veuille l'oublier, seule la misère humaine, dont une part loge en chacun de nous, nous ouvre l'accès.

Je sais bien que de nombreux livres ont été écrits depuis les palais de justice. Des livres érudits, critiques, théoriques de grande qualité, qui disent sans doute déjà, dans leurs préfaces, que de nombreux livres ont été écrits depuis les palais de justice. Qu'on me pardonne l'ajout de celui-ci : rien n'était prémédité. Il n'a fait l'objet d'aucune documentation préalable, et je n'ai aucune formation juridique particulière. Ce jour-là, le premier, je voulais simplement me protéger d'une averse de printemps, de celles qui tombent droit, sans alerte. Deux options alors : à droite, l'église Saint-Pierre-le-Jeune, devant les portes de laquelle attendait une fourgonnette grise aux vitres teintées, et à gauche, le tribunal judiciaire. Je n'ai pas hésité.

N'ayant pas osé pousser la porte close de la salle 101, j'ai profité de l'entrée d'un avocat pour me faufiler derrière lui. J'arrivais en pleine audience. Retraités et lycéens composaient l'essentiel du public, comme si un rabatteur sans talent avait ramassé ces gens-là sur le parvis au dernier moment, faute de mieux. Derrière leur pupitre, les magistrats sérieux avaient quelque chose de balzacien. Certaines figures affichaient la physionomie biscornue des caricatures de Daumier, donnant l'impression que ce petit monde clos moisissait depuis deux cents ans dans cette pièce sans fenêtre.

À mon arrivée, l'huissier, un grand moustachu à la coupe en brosse, s'est levé de sa chaise et s'est précipité vers moi. Il a demandé : « Vous êtes concerné par un dossier ? » À ma réponse négative, je m'attendais à ce qu'il réplique : « Alors qu'est-ce que vous foutez là ? », mais il m'a simplement invité à éteindre mon téléphone et à m'asseoir en silence.

Dans le box, une femme d'une trentaine d'années en débardeur blanc, toute fine, le visage maigre et mat, les cheveux noirs emmêlés et tirés en un chignon haut, se faisait juger dans une langue qu'elle ne comprenait pas. Même démenottée, elle gardait les mains dans le dos et la tête penchée, comme une enfant rebelle convoquée devant un conseil de discipline et attendant que ça passe. On reprochait à cette « membre de la communauté des gens du voyage » d'avoir formé sa fille de cinq ans à voler des téléphones pendant qu'elle se chargeait de détourner l'attention des vendeurs d'une galerie commerçante.

Après une plaidoirie expédiée par son avocat – évidemment commis d'office – qui s'en remettait à « la sagesse du tribunal », et alors qu'on lui donnait une dernière fois la parole, cette femme a dit d'une voix douce et lasse, dans sa langue maternelle que traduisait son interprète : « Condamnez-moi si vous voulez. Je ne crois pas à la justice humaine. Je ne crois qu'en la justice de Dieu. Il n'y a que lui qui comprenne les pauvres. Que lui qui sache qu'on ne sépare pas une mère de sa petite fille, quoi qu'elle ait fait. »

S'en est suivi dans la salle un silence embarrassé, une sorte de gêne, de flottement, comme si un public de connaisseurs venait d'entendre l'actrice principale se tromper de réplique en plein milieu de la scène finale.

Puis, alors qu'on lui passait les menottes pour la reconduire dans les geôles, la jeune femme a balayé la salle du regard et ses yeux se sont arrêtés sur une dame au deuxième rang qui la fixait d'un air mauvais, à quelques mètres du box. Là, elle lui a dit, avec un fort accent mais en un français parfaitement intelligible : « Qu'est-ce que t'as, toi, la grosse ? » J'avoue, j'ai souri (pardon madame) puis retranscrit la scène sur mon téléphone pendant la suspension. Quelques jours plus tard, je suis revenu avec un carnet et un stylo pour explorer d'un peu plus près ce lieu de tragicomédie qu'est une salle d'audience, à la fois coupé du monde et en plein centre de celui-ci, comme le sont peut-être tous les palais.

Petit à petit, sans même m'en rendre compte, j'y ai passé des journées entières. Mes notes griffonnées à l'avenant se sont accumulées. Les voici. C'est aussi simple que ça.

Juge *(lit, voix neutre)* : « Sur la vie de ma mère tu vas crever sale pute, je vais te niquer ta mère, je te jure je vais faire une dinguerie, sale pute sur la tête de mes enfants je vais te buter, je suis capable de tout wallah pour moi t'es déjà morte, t'es morte sur la vie de ma mère. » Est-ce que vous pouvez expliquer au tribunal, monsieur Belaïd, pourquoi, dans la période allant du 25 octobre au 16 novembre, vous envoyez à votre ex-conjointe soixante-dix-neuf messages de ce type ?

Prévenu *(voix faible)* : Ben… *(Il réfléchit.)* Parce que je suis con…

Juge *(grinçant)* : Ah mais ça, nous n'avions aucun doute là-dessus, monsieur.

Fier de sa repartie, il lance un regard vers le procureur, impassible, puis vers ses deux assesseurs affalés, ailleurs, lassés d'être là.

Huit mois ferme.

*

Juge : Vous avez un problème d'addiction au cannabis que je dois signaler au dossier ?

Prévenu : Non.

Juge : Bon, je vais mettre oui quand même.

*

Prévenu *(nerveux, visage fermé)* : « Nan, je veux pas d'avocat ! Je peux très bien me défendre tout seul : j'ai une thèse de doctorat en mathématiques. »

Prison ferme, mandat de dépôt.

*

Une toxicomane en guenilles d'à peine vingt ans, qui fait la manche devant une boulangerie du centre-ville, hurle sur une passante âgée qui vient de la traiter avec mépris : « Salope ! J'espère que tu te feras violer ! Comme moi ! »

*

Juge : À part lui, vous n'avez pas vraiment d'amis, vous êtes très seule…

Prévenue : C'est que je préfère la qualité à la quantité.

Son ami, dans le box, est un héroïnomane sans domicile avec qui elle sniffait de la mauvaise coke dans une maison vide dont ils ont forcé la porte, souhaitant échapper aux regards d'un groupe d'enfants qui traînaient seuls sur l'aire de jeux toute proche.

*

Pendant une suspension, un homme dans le public *(voix basse, fort accent alsacien)* : « Moi je dis une claque sur une femme ça va, mais faut pas aller plus loin. Faut savoir garder ses nerfs. »

*

Délibéré. Le frère du prévenu attend dans la salle. Au retour des juges, il se signe. Embrasse sa croix en pendentif. Se signe de nouveau. Embrasse sa chevalière. Lève les yeux et les index vers le ciel. Puis il glisse à sa copine, assise à côté de lui : « Tu verras, Dieu est avec nous. »

Verdict : deux ans de prison ferme, mandat de dépôt.

« Fils de pute va. »

*

« J'avais froid. J'en avais marre d'être à la rue. Je voulais être en prison pour passer l'hiver au chaud. »

*

Retour de délibéré.

Juge : Où est son avocate ?

Huissier : Je crois qu'elle est sortie fumer devant le tribunal.

Tout le monde reste à sa place, dans le silence, le temps que l'avocate termine sa cigarette.

*

Avocat : Il faut le dire clairement ! La lenteur de la justice est in-su-ppor-table !

Juge *(l'interrompt sèchement)* : On n'est pas chez Hanouna, maître.

*

L'huissier au journaliste local qui arrive en salle d'audience : « C'est vraiment pas le dossier du siècle. Juste un SDF. »

*

L'huissier à un visiteur : « Ah non, cet après-midi on n'a que de la violence conjugale. Oui, violence classique quoi. Et puis on a du stup aussi, un dossier. Pour les violences urbaines, c'est en bas que ça se passe. Par contre y'a pu de place. »

*

Pendant un délibéré, un policier s'approche d'un jeune dans le public :

— Les bouteilles, à la poubelle.

— Pourquoi ?

— Pour pas qu'on les jette sur les magistrats au verdict. En quarante ans de police, j'en ai vu des choses.

— Nous on n'est pas des choses monsieur.

*

Juge : « Comment ça se fait que vous n'arrivez pas à arrêter l'héroïne, monsieur ? Serait peut-être temps de se prendre en main un petit peu, vous ne croyez pas ? »

*

Prévenu *(colérique)* : « Mais parce que voilà je vous dis la vérité moi je suis pas un esclave je me lève pas à 6 heures du matin pour 1 200 euros je vous dis la vérité voilà c'est comme ça j'ai choisi la vie de gangster et voilà y'a quoi, y'a quoi, m'en bats les couilles je vous dis la vérité donnez-moi votre sentence là et lâchez-moi les couilles la vérité j'en ai rien à foutre je suis un voyou j'ai rien à perdre la vérité. »

Il est reproché au jeune voyou un vol de vélo électrique dans un quartier résidentiel.

*

Avocat *(malicieux)* : « Est-ce que deux fautes à moitié pardonnées, au bout du compte, ça ne fait pas un pardon entier, monsieur le président ? »

*

Dossier Ayed, né en Algérie, sans domicile, aucun papier, plusieurs identités. Ses vols ont fait huit victimes, toutes parties civiles. Le juge *(lit rapidement, voix neutre)* : « Bijoux, enceinte connectée, ordinateur, vêtements, smartphone, bijoux, ordinateur, montre, smartphone, bijoux, CB, montre, 400 euros, smartphone, argent, smartphone, deux montres, et une télécommande de garage. Cherchez l'intrus, j'ai envie de dire. »

*

« Bon, j'y vais ! J'ai besoin de mourir », lance ce marginal à la clientèle de la librairie ; puis on demande après son départ à ce qu'on ouvre grand les fenêtres pour faire entrer un peu d'air pur.

*

La police a retrouvé une arme de calibre 6,35 dans sa voiture.

Prévenu : Le 6,35 il est pas à moi ! Je l'ai trouvé dans un parc !

Juge : Dans un parc ? Quelle chance ! D'habitude les 6,35 poussent plutôt en été, c'est rare qu'on en trouve encore en novembre.

Prison ferme, mandat de dépôt.

*

Juge : « Votre femme déclare lors de sa déposition : "Il m'a giflée mais c'est pas grave. Je l'accepte. C'est ma liberté. La justice empêche les gens de se réconcilier. Il ne recommencera pas, il n'est pas violent." Sauf que vous allez recommencer. Et pas qu'une fois. Et devant votre enfant. »

*

Un dealer propre sur lui, petites lunettes rondes *(voix posée)* : « Ce me fut imposé, au moment où je rencontrai ce personnage. Bien heureusement, ça ne dura pas longtemps. J'ai alors décidé que les chemins de nos vies devaient se séparer. Ce fut à ce moment-là, monsieur le président, que ce personnage prononça les mots que vous avez rappelés : "Je vais te baiser tes grands morts." »

*

— Donc vous, monsieur, vous êtes toxicomane.
— Ben non…
— Ah, ben c'est ce qu'il y a écrit là.
— Ben non.
— Alors vous êtes quoi ?
— Ben rien. Je prends juste un peu de coke.
— Mais il y a écrit dans le rapport d'enquête que vous achetez du Subutex dans la rue, c'est pas inventé ça, quand même.
— Ben je sais pas.
— Bon, au vu de l'histoire, on va quand même dire que vous êtes toxicomane.

*

Mokhtar, pris en flagrant délit de vol d'une tondeuse à cheveux d'une valeur de 29,90 euros à l'Intermarché de Oberhausbergen. Né en 1965, deux parents décédés, onze frères et sœurs. Au RSA, il demande l'allocation aux adultes handicapés. Toxicomane toute sa vie. Quarante mentions au casier. Première condamnation en 1992.

« Oui, c'était pour des paires de Reebok. C'était la mode. Mais j'ai baissé en gamme depuis, vous voyez bien. »

*

— Vous avez un projet de réinsertion ?

— Ben, j'aimerais un jour travailler et voler de mes propres ailes.

— Voler quoi ?

— De mes propres ailes.

— Ah d'accord. Bon. Encore voler, quoi.

*

L'huissier passe en revue les dossiers du jour pour la journaliste des *Dernières Nouvelles d'Alsace* qui arrive : « Alors aujourd'hui on a stup, stup, stup, et un peu de violences conjugales pour égayer la fin d'après-midi. »

*

Dylan, né en 1996 *(colérique, avec un fort accent alsacien)* : « Voilà j'ai une vie de merde la vérité. Mon frère il a pris vingt-deux ans, il s'est suicidé en prison…

— Depuis tout à l'heure vous avez l'air en colère contre le monde entier.

— Pas le monde entier. J'en veux à toi, toi, toi, toi… » *(Il pointe du doigt un à un tous les magistrats et les policiers présents dans la salle.)*

*

Juge : Vous parlez beaucoup.

Prévenu *(agité)* : Je parle parce qu'il y a un public donc j'en profite. Depuis que je suis en France personne ne m'écoute.

*

Un Ivoirien dans le box.

Juge : « Votre parcours pour arriver en France a été compliqué. »

Le prévenu enlève la bonnette du micro, dont il ne comprend pas le fonctionnement. Rires étouffés des lycéens dans la salle.

Prévenu *(voix posée, douce)* : « Oui. Je suis passé par la Libye, à pied, avec ma tante. Elle est morte là-bas, dans le désert. Morte de soif. J'ai continué seul. Et me voilà. »

Les lycéens arrêtent de rire.

*

Dans le box, Enzo nie avoir harcelé sa compagne. Leïla est à la barre. Pourtant jeune, elle s'appuie sur une canne. Elle travaillait chez SFR, avant. Enzo lui reproche d'être tout le temps « avec des gars ». Mais elle jure qu'elle n'est avec personne. Il l'appelle trente fois par jour. Il a posé un mouchard dans sa voiture. Leïla a une maladie qui l'a plongée dans le coma. Même à l'hôpital, alors qu'il la savait inconsciente, Enzo a continué de l'appeler trente fois par jour.

Leïla s'était dit qu'il changerait peut-être à la naissance de la petite. Elle admet s'être trompée.

*

Quittant la salle d'audience, une avocate réputée pour sa défense des demandeurs d'asile passe au milieu d'un groupe de policiers postés devant l'entrée. Grands sourires, politesses. Puis un policier aux autres *(voix basse)* : « Je l'aime pas, elle. »

*

Chose assez peu fréquente, au terme de la présentation des faits par le président, une juge assesseur s'adresse au prévenu *(froidement)* : « Monsieur, votre place n'est pas en France. Elle n'est pas aux Pays-Bas non plus, ni aucun autre pays d'Europe. *(Silence.)* Pourquoi vous ne retournez pas en Algérie ? »

*

Deux prévenus abîmés, environ quarante-cinq ans, allures de SDF.

L'un d'eux : M. Kieffer est arrivé avec des jeunes devant chez moi. J'ai appris qu'il a été payé en cocaïne par les jeunes pour qu'il se batte avec moi. Ils étaient quatre ou cinq. Ils ont parié sur notre combat. Je suis sorti de chez moi, il m'a provoqué, on a commencé à se battre. Je l'ai mis par terre et j'ai dit : « Arrête, c'est con ce qu'on est en train de faire. » Puis je l'ai aidé à se relever. Et puis un des jeunes lui a donné un couteau et là il m'a planté.

Juge : Mais vous vous connaissiez, tous les deux ?

L'un d'eux : Mais oui, on est des amis de longue date.

*

Juge *(lit, voix neutre)* : « Je vais te fumer, je vais t'égorger, je vais te détruire, je vais te violer, je vais te monter en l'air, je vais t'enculer, je vais te niquer par tous les trous. Je suis à l'hôtel je vais en niquer une ou deux, des putes, et toi je vais te violer. » Et donc c'est ça, monsieur Humbert, cette vidéo-là, que vous avez postée sur TikTok en accès public, en citant le nom de votre compagne, complètement ivre. Et votre fils de huit ans tombe dessus par hasard au moment d'aller au lit, avant de la signaler à sa maman.

Prévenu : Bah déjà c'est pas pour excuser ni rien ou quoi, attention hein, mais qu'est-ce qu'il faisait à traîner sur TikTok le soir mon gamin ? Y a quand même un problème au départ.

Soupir de son avocat commis d'office, qui continue de tapoter des mails sur son téléphone.

*

— Vous avez des problèmes de…
— Oui, un problème avec l'alcool.
— Oui, vous en avez beaucoup, des problèmes, on va les prendre les uns après les autres, sinon on s'en sortira pas.

*

Violences conjugales. Présentation des faits. En pleine nuit, une voisine a entendu la jeune femme hurler « À l'aide ! » depuis l'appartement d'à côté. Et des bruits de coups.
— J'ai été émue par ce cri.
— Mais vous n'avez pas appelé les gendarmes, madame ?
— Non, j'irais pas jusque-là.

*

Dans le box, un prévenu qui comparaît pour violences conjugales aggravées : « C'était une femme bien… »

Elle est pourtant juste là, pétrifiée, assise seule au premier rang.

*

« OK, c'est vrai quand j'étais en prison j'ai envoyé des lettres au procureur comme quoi j'allais le tuer, etc., et comme quoi j'allais tuer mes anciennes victimes, mais vous avez bien vu j'ai rien fait, à ma sortie je me suis tenu à carreau, aujourd'hui j'ai autre chose à faire que tuer des gens, j'ai un travail et tout, pourquoi j'irais m'embêter. »

*

Procureur : C'est pourquoi je vous demande d'entrer en voie de consommation au terme de cette audience…

Juge : De condamnation ou de consommation ?

Procureur : Qu'est-ce que j'ai dit ?

Juge : Rien, rien. C'est juste que la conséquence n'est pas la même.

*

Accusé de s'être masturbé dans le bus en pleine journée devant une mineure de quinze ans.

Prévenu : Vous dites monsieur le juge que l'individu (c'est pas moi hein) s'est masturbé devant la jeune fille. Mais il n'a même pas touché la victime. Pas un contact. Donc on peut pas dire qu'il est dangereux !

Juge *(placide)* : C'est une façon de voir les choses, monsieur.

Un an ferme, obligation de soins, etc.

*

Avocat : « Pour vous dire un peu, monsieur le président, dans quel environnement il a évolué,

M. Krämer a sept frères et sœurs et il ne sait même pas s'ils sont tous du même père. Sa maman est là, dans la salle. »

Une rangée de collégiens se tourne vers le dernier rang où est assise Mme Krämer, qui se met aussitôt à farfouiller à ses pieds quelque chose d'invisible, vaguement tombé par terre.

*

Deux prévenus dans le box pour de multiples cambriolages. Le juge *(s'adressant au public d'une voix calme)* : « Pour les Albanais, le passage à l'heure d'hiver ça correspond à l'ouverture de la saison des cambriolages. *(Haussement d'épaules.)* C'est comme la chasse, quoi. »

*

Prévenu : Elle a le corps sensible. Dès qu'elle se cogne sur un coin de table, elle a un bleu. C'est pour ça. Mais c'était pas si violent comme elle dit.

Juge *(reprend l'acte d'accusation)* : Coups de ceinture, coups de poing, coups de pied, un coup de tête, des gifles, un étranglement, serrage de poignets, des coups de manche à balai.

Prévenu : Ah non ! C'était pas le manche. Que la brosse. Encore un mensonge.

*

Avocat : « En sortie de détention, il faut réapprendre à être libre. Et ce n'est pas dans la rue qu'on trouve les meilleurs professeurs. »

*

Dans la rue, interpellation *(ivresse manifeste)* : « Fils de pute ta mère la pute, enculé, suce ma bite, justice de merde. Bande de salopes. T'as vingt ans mon sperme il est plus fort que toi bande de putes. Ta mère elle suce Porte-Blanche la pute. Ta mère c'est une pute. Ta grand-mère c'est une pute. Ta sœur… Toute ta famille c'est une pute en fait ça sera plus simple. »

*

« On m'envoie en prison pour me punir de ma consommation de drogue, alors qu'on se drogue plus facilement en prison qu'à l'extérieur. Réfléchissez un peu à ça, pour une fois. »

*

Avocat : « Oui, monsieur le président, madame, monsieur du tribunal, ces dix-huit mentions au casier judiciaire, c'est l'histoire d'un échec : celui de M. Weiss. Mais c'est aussi l'histoire d'un autre échec, un échec collectif, le nôtre : celui de la justice française, de la société française qui n'ont pas su faire en sorte que M. Weiss ne commette plus ces infractions. Quand M. Weiss est condamné, c'est nous tous, dans cette salle et en dehors, que nous devrions condamner avec lui. »

*

Juge : « Sale noire, sale négresse, va te faire bouffer la chatte. »

Prévenu : J'ai dit ça mais c'était pas raciste monsieur le juge. Ça avait rien à voir. Si elle avait été chinoise ça aurait été pareil.

*

— Donc vous, vous avez pris de l'héroïne pendant longtemps, en quantité importante, et aujourd'hui vous prenez de la cocaïne et vous fumez du cannabis, c'est bien ça ?

— Oui.

— Et alors vous dites que vous demandez de l'aide. Pour vous en sortir.

— Oui.

— *(En colère.)* Mais monsieur Hertz, vous arrivez pas à vous prendre en main, un petit peu ? Vous avez pourtant l'air d'être un grand garçon ! Vous voulez qu'on vous prenne par la main comme ça en permanence ? Mais c'est infernal à la fin.

*

Salle pleine. En attendant l'arrivée des juges, les quatre prévenus bavardent en souriant, blaguent avec les policiers, lancent des clins d'œil à leur famille.

Le tribunal renvoie finalement l'affaire à une date ultérieure et doit décider du sort des prévenus en attendant le procès.

Procureure : « Je requiers le maintien en détention pour prévenir le risque de concertation en attente du procès. Puisqu'on a bien vu que, en votre absence, les prévenus en ont largement profité pour commencer à se mettre d'accord sur une même version des faits. »

*

Juge : Qu'est-ce qui justifie de fumer autant de cannabis ?

Prévenu : Honnêtement je vais être honnête avec vous. C'est juste pour rire au moins une fois dans la journée, et penser à rien. Voilà. Là-bas c'est pas la vie en rose, monsieur. C'est gris. C'est gris toute l'année. C'est gris même quand il fait beau.

*

— Vous ne travaillez pas. Comment vous faites pour vivre ? À votre âge, on a envie de sortir, de s'acheter des choses.

— J'ai ma famille qui m'aide.

— *(Sèchement.)* Eh ben ils ont bien tort.

Murmures de la famille au dernier rang.

*

— Vous êtes SDF, monsieur Bierhoff, c'est bien ça ?

— Oui.

Le juge consulte le dossier.

— Alors ce qui est étonnant, c'est que dans votre dossier on a au moins cinq adresses différentes en six mois. Il y a quand même une instabilité évidente.

— Ben oui, c'est le principe d'être SDF en principe…

*

— Je veux faire le pipi, mais le policier y veut pas je fais le pipi. Alors je dis si je peux pas faire le pipi je peux pas retenir dans la voiture, si vous plaît. Mais non je me suis pas débattu c'est pas vrai.

— Et c'était une raison pour uriner sur la jambe du policier en le traitant de « chien de l'enfer » ?

*

Juge : Ce soir-là, vous emmenez donc cette jeune femme au Formule 1 d'Illkirch.

Avocat *(se penche vers un confrère, voix basse)* : Un romantique…

*

Prévenue *(sanglote)* : On veut retenir de ma personne que les vingt-sept mentions au casier…

Juge *(consulte une feuille)* : Trente-trois.

Prévenue *(s'énerve)* : Oui allez, ben du coup trente-quatre, on va abréger l'histoire.

*

Avocate : « En juin, M. Belmadi vole de la nourriture dans un supermarché, il sonne au portique, s'arrête et attend. Je demande à M. Belmadi pourquoi il a fait ça. Il me dit qu'il veut se faire arrêter par la police pour aller en prison. Parce qu'il en a marre d'être à la rue. C'est bien la première fois que je plaide le mandat de dépôt. »

*

— Vous savez, la vie elle m'a pas fait de cadeaux, m'sieur le juge.

— Ben avec trente-deux mentions au casier, on peut pas dire que vous soyez un cadeau pour la vie non plus…

*

Une jeune femme à la barre raconte d'une voix tremblante les circonstances dans lesquelles son compagnon s'est rendu ivre à la fête de Noël de son travail, a traité sa collègue de « grosse » et l'a violentée devant ses supérieurs : « Dans la voiture je lui ai dit que c'était plus possible entre nous, que je voulais qu'il quitte la maison. Il a dit que ça se passerait pas comme ça. J'ai dit t'as qu'à me tuer. Il a dit ça serait trop facile de t'en sortir comme ça, je vais juste t'handicaper, je vais tellement te défoncer tu vas porter des couches toute ta vie. »

*

Dans le tram. Un homme ivre parle tout seul. Il lit sur le sac en toile qu'une jeune femme porte à l'épaule : « *All over the world.* Elle sait ce que ça veut dire, au moins, "*all over the world*" en anglais ? Ça veut dire qu'on va tous se faire enculer à la même enseigne. »

*

« Oui, je l'ai étranglée, peut-être un peu fort. Mais à la base elle m'avait mordu. Et par rapport à mes autres condamnations pour violences, regardez mon casier, c'est rien du tout, ça. Aujourd'hui je suis calme. »

*

Le prévenu algérien prétend que sa femme serait décédée il y a deux mois d'une crise d'asthme, ce qui expliquerait sa détresse psychologique et son passage à l'acte.

Juge : Elle s'appelait comment, votre femme ?

Le prévenu répond en arabe, inintelligible pour l'audience.

Juge : Comment ?

Le prévenu répète sur le même ton.

Le juge fronce les sourcils.

Le prévenu répète sur le même ton.

Juge : Mouais… Bon. Bizarre quand même.

*

— Vous consommez combien d'héroïne par jour ?

— Je prends 0,5 gramme.

— Comment vous avez fait pour tenir pendant les quarante-huit heures de garde à vue ?

— Je me suis rongé les ongles jusqu'au sang. *(Il montre au tribunal ses mains abîmées.)*

*

On statue sur le cas d'un schizophrène accusé de violences sur son grand-père. Il ne se souvient de rien.

Prévenu : Pitié, me renvoyez pas en psychiatrie. Franchement je préfère aller à l'Elsau[1] qu'en psychiatrie.

Juge : Pourquoi vous refusez la psychiatrie ?

Prévenu : Ah non, non, non, je veux pas, ils m'ont trop cachetonné là-bas, ah non ! Je veux que vous m'envoyez en taule !

*

1. Maison d'arrêt de Strasbourg.

Procureur : On a des études sur les *space cakes*, madame la présidente, mais aucune étude sur les effets de ce qu'on appelle le « lait de beuh ». Personnellement, je vous avoue que mes connaissances sur le sujet sont assez limitées.

Prévenu *(à mi-voix)* : Je vous donnerai la recette. Ça vous fera du bien.

*

— Vous avez deux mentions sur votre casier, vous le savez, ça ?

— Ah. Bah non. C'était pour quoi au fait ?

*

— Pour arrêter de finir devant le tribunal judiciaire, monsieur, il s'agirait peut-être d'arrêter de consommer des stupéfiants, non ?

— Mais j'y arrive pas ! Je vois un addictologue, mais pour l'instant ça m'aide pas.

— *(Sèchement.)* Alors voyez-le plus souvent. Prison ferme.

*

Quatre prévenus d'environ quarante-cinq ans dans le box, tous alsaciens. Trois d'entre eux vivent chez leurs parents. Ils font pousser de l'herbe dans leur cave et s'en refourguent les uns aux autres, par petites quantités. À la suite d'une dénonciation anonyme, la gendarmerie les place sur écoute. Leurs factures d'électricité sont surveillées : on y relève des anomalies. Perquisitions. On les accuse de trafic, ils plaident le dépannage en cercle restreint. Ils en ont eu « marre d'alimenter le trafic des quartiers ».

Les quatre sont malades. Pensions d'invalidité, allocations aux adultes handicapés, RSA. MM. Dalembert (genou en vrac, licenciement médical, dépression à la suite de son divorce), Aubin (cancer et sclérose en plaques), Enschtett (presque sourd, cancer des testicules), Holtzmann (double glaucome).

Juge : Monsieur Aubin, vous indiquez dans votre déposition que vous fumez pour calmer les symptômes. Mais il y a d'autres solutions pour les maladies. Qui sont légales.

Prévenu : Oui, je les ai faits. Mais c'est des traitements lourds. Je supporte pas les effets secondaires. Je fume entre huit et dix joints par jour. Et je préfère, c'est comme ça.

[...]

Assesseur : « Vous dites que vos maladies vous stressent et que vous fumez pour vous calmer. Mais vous savez, fumer du cannabis génère aussi des angoisses. *(Silence.)* Et pour combattre le stress, il y a autre chose d'efficace : le sport. »

Une rumeur parcourt la salle : sarcasme, amusement, consternation.

[...]

— Monsieur Holtzmann, le médecin dit que la consommation de cannabis vous empêche d'avoir une vie normale.

— Bah quand je suis sous morphine aussi.

— Quel est le rapport ?

— Bah d'habitude on me donne de la morphine ou du tramadol. Je préfère le cannabis à la morphine, c'est tout. C'est mon choix, je l'assume. J'ai pas envie de finir toxicomane à la morphine comme mon frère.

[...]

— Au départ votre consommation c'était festif, c'est ça ?

— Si on veut.

— Oui ou non ?

(Silence.)

— Quand on a un cancer et une sclérose en plaques y'a pas de vraiment festif dans l'histoire en fait.

[...]

— Vous avez quelque chose à ajouter à tout ce qui vient d'être dit ?

— Oui. J'aurais voulu moins souffrir pour ne pas avoir à fumer comme ça.

— Pareil.

— Pareil.

— Idem.

*

Avocat : « Et combien de témoins ont été interrogés ? Ben y'en a pas. Zéro. Enfin... un demi. »

*

— Donc, monsieur, vous êtes en CDI chez Edeka, vous touchez 1 900 euros par mois, c'est bien ça ?

— Oui.

Le juge inspecte du coin de l'œil le prévenu hirsute, mal habillé, l'air ailleurs.

— *(À mi-voix.)* C'est documenté, ça ? Ça paraît bizarre quand même. On a plutôt l'impression qu'il est limite, hein, socialement. Vu le… Enfin bon.

*

Une jeune femme comparaît avec son compagnon, un petit dealer à qui elle aurait transmis 43 grammes de shit en prison pendant un parloir. Les deux contestent.

— Vous, mademoiselle, vous allez au parloir une à deux fois par semaine.

— C'est ça.

— Vous êtes amoureuse alors.

— *(Rire.)* Peut-être…

— Sûrement ! Mais ça va, c'est pas un délit, pas encore.

[...]

— Donc vous, monsieur, vous avez mis la boule de 43 grammes de résine de cannabis entre vos fesses. Et vous, madame, quand les policiers vous demandent si on risque de retrouver vos empreintes sur l'emballage, vous dites que vous ne savez pas, peut-être, parce que vous avez « fait des câlins » dans le parloir. C'est ce que vous déclarez. Alors je sais pas quel genre de câlins vous faites avec votre compagnon, mais vu l'endroit où il a placé la drogue, pour que vos empreintes s'y retrouvent, ça m'a tout l'air d'être des câlins plutôt intenses...

*

Avocat *(désigne son client)* : « Cet homme... enfin, ce jeune homme. J'ai envie de dire ce gamin. Cet enfant. »

*

« Vous avez fait l'objet d'une OQTF avec interdiction d'entrer sur le territoire français pendant dix ans. Et le problème… *(dépité)* ben c'est que vous êtes toujours là, quoi. »

*

Juge *(lecture du PV d'interpellation)* : « Fils de pute va niquer ta mère la salope sale fils de pute. Tes impôts ils vont me nourrir en prison fils de pute ta mère la salope la prison y'a du café y'a la télé, la prison c'est le Club Med. »

Depuis les bancs du public, la mère du prévenu secoue la tête et lance à son fils un regard réprobateur.

*

— Vous avez effectué combien de temps de prison sur les deux ans que vous avez pris la dernière fois ?

— Trois.

— Trois mois ?

— Trois jours.

— Mais… et le reste ?

— C'est en cours avec le JAP. Pour qu'on me mette un bracelet.

— *(Sidéré.)* Et on n'a même pas eu le temps de vous mettre un bracelet que vous êtes déjà de retour au tribunal ?

— Moi je suis pas responsable de la lenteur de la justice, monsieur.

*

Salle pleine. Les jeunes du quartier remplissent le dernier rang. Le prévenu vient de recevoir sa condamnation : prison ferme.

Pendant qu'on lui passe les menottes :

— *(Surexcité.)* Wallah personne s'approche de ma femme wallah personne au quartier s'approche de Maëva j'ai juré quand je sors du *hèbs* ça part en couilles la vie de ma mère.

— T'inquiète je la gèr… je gère, frère.

*

— Vous buvez tous les jours, tout au long de la journée.

— Oui mais c'est pas ce que j'appelle avoir un problème avec l'alcool, ça.

*

— Vous avez des problèmes de santé ?

— J'ai une prothèse à…

Le juge interrompt :

— Oui nan mais à part ça ?

(Silence.)

— Ben des problèmes psychologiques, oui.

— Aaaah bah oui voilà.

*

Apologie de terrorisme. Le prévenu a crié en pleine rue « Vive le Hamas, vive la Palestine, nique Israël, *one*, *two*, *three*, *viva* l'Algérie, *nikomouk*. *(S'adressant au policier.)* Toi t'es avec les Juifs, toi. »

Juge : Vous voulez ajouter quelque chose à tout ce qui a été dit ?

Prévenu : Ben… juste que je suis pas un terroriste. *(Silence.)*

Juge : Très bien.

Prison ferme, mandat de dépôt.

*

On lui reproche d'avoir conduit malgré une suspension de permis : « J'ai juste ramené ma voiture depuis la gare jusqu'à mon village. C'est pas comme si j'avais roulé. »

*

Avocat : « Malheureusement son épouse a quitté la vie en cours de parcours. »

*

Juge : « Vous sortez donc de garde à vue à 18 h 00. À 18 h 05, vous volez une trottinette électrique. À 18 h 15, vous êtes de retour au commissariat. »

*

L'huissier au téléphone dans le couloir, pendant un délibéré : « Oui, juste pour te dire que j'ai pris mes affaires donc je pars directement au stade de la Meinau après. J'ai monté le matelas et le gonfleur pour Juliette. Valentin s'en occupe. Voilà. Donc je rentre tout de suite après le match. Non, il reste encore deux dossiers là. Mais ça devrait être vite torché. C'est des histoires de merde. »

*

— Vous êtes actuellement en détention pour quoi ?

— Rien. J'ai juste commis des violences.

*

Procureur : « Pour M. Arnold, je préconise donc un suici… un suivi sociojudiciaire. »

*

Le prévenu est accusé d'avoir multiplié les appels malveillants à son ex depuis sa cellule de prison. Le juge lit le contenu de ses messages vocaux : « Je te brûle, je te plante dans le crâne, je t'arrache la tête. » Et cinq minutes plus tard : « Je t'aime encore, ma chérie, je te pardonne tout, quand je sors on se remet ensemble, mon amour. »

*

— Vous êtes en dépression depuis 2016 ?

— Depuis ma dernière incarcération, oui. *(Il sanglote.)*

— Et vous avez un CAP en serrurerie, et vos CACES 1, 3 et 5, mais vous seriez en invalidité ?

— Oui, je n'ai plus de rate *(il soulève son tee-shirt)*, j'ai une cicatrice de là à là. Et j'ai une plaque métallique dans l'avant-bras, avec six vis, suite à mon agression. Voyez, je ne peux plus utiliser mon petit doigt.

— Aujourd'hui vous prenez de la méthadone et du Subutex, et vous avez un suivi social, c'est ça ? Ça vous aide, ça ?

— Ah bah, monsieur... si Mme Schneider et M. Rich n'étaient pas là, je serais... pffuit.

Dans le public, une dame âgée, écharpe de cachemire autour des épaules, glisse à son époux en souriant : « Je le trouve marrant, lui. »

*

Juge : Mais qu'est-ce qu'il faut faire pour vous empêcher de conduire sans permis et en ayant bu ?

Prévenu : Ben j'ai un suivi avec des organismes, et vendredi j'ai reçu un courrier du centre de… enfin, j'ai un rendez-vous avec monsi…

Juge *(interrompt)* : Non mais moi je sais ce qu'il faut faire. *(Silence.)* Faut vous enfermer.

*

Juge : Vous fumez un paquet de cigarettes par jour. Comment vous financez tout ça, puisque vous ne travaillez pas ?

Prévenu : Je connais des gens qui m'en donnent.

Assesseur : Sérieux ?! Donnez-nous les noms, vu le prix du tabac en ce moment…

*

Avocat *(air grave, désigne son jeune client)* : « Regardez-le. Le teint blafard. Le regard éteint. Les cheveux… à la mode de son âge, dirons-nous. »

*

Délibéré. Dans le box, un policier au prévenu : « Les mains ! Hors des poches ! Ça fait trois fois, la prochaine fois j'te taze. »

Rire des collègues.

*

— Vous consommez toujours des drogues dures ?

— Ah non non, ouh là, ça j'ai arrêté tout ça.

— Il y a combien de temps ?

— Une semaine !

*

Juge : « Votre casier mentionne une condamnation à quinze ans de réclusion criminelle pour meurtre. Bon. Mais surtout : plusieurs vols au préjudice de Auchan Illkirch et des Galeries Lafayette. Et ça, c'est ce qui va nous intéresser aujourd'hui. »

*

« M'sieur, j'te jure je suis pas un voleur j'ai un diplôme en pharmacie ! »

Neuf mois ferme, obligation de quitter le territoire.

*

Prévenu : Je sais bien, monsieur le président, que la coïncidence paraît incroyable. C'est incroyable mais vrai !

Juge : Oui, incroyable. D'ailleurs on n'y croit pas.

Un an ferme, mandat de dépôt.

*

L'avocat des parties civiles, à l'huissier *(dépité)* : « Dire que je pourrais être chez moi, peinard, devant un téléfilm de Noël… Mais non. Violences, violences, violences. »

*

« Je la frappe une fois de temps en temps, mais rien de grave. »

*

Nouvelle affaire de violences conjugales le soir de Noël. Florilège.

Juge : Et là, vous lui dites : « Je vais te tuer. Je vais te tuer. »

Prévenu : Mais c'était pas en vrai. C'était pour jouer.

[…]

Juge : Elle dit qu'elle est isolée. Elle a dû négocier des semaines pour pouvoir aller à la fête de Noël de son travail.

Prévenu : Mais elle a été libre d'y aller à la fin, oui ou non ?

[...]

Juge : Vous lui avez mis un coup de perceuse dans la cuisse.

Prévenu : Juste piquée. Et je l'ai soignée après.

[...]

Juge : Vous l'avez frappée au visage.

Prévenu : Elle avait juste l'arcade ouverte, mais rien de plus.

[...]

Juge : Le médecin relève qu'elle est traumatisée.

Prévenu : Mais non, c'est moi qui suis traumatisé, pas elle !

[...]

Juge : Son père dit que vous êtes capable de la tuer. Que vous êtes dangereux. Et elle en a marre.

Prévenu : Mais non, elle en a pas marre.

[...]

Prévenu *(en pleurs, agité)* : Je voudrais pouvoir la rencontrer et lui parler, m'expliquer...

Juge *(voix douce)* : Ben vous la rencontrez tous les jours, monsieur. *(Silence.)* Et vous la frappez.

Au moment où la victime annonce à la barre qu'elle ne souhaite plus poursuivre la relation et que sa décision est catégorique, le prévenu, en pleine crise de nerfs, s'en prend physiquement aux policiers. On l'entend encore hurler dans l'ascenseur après son évacuation de la salle.

*

Avocate : « D'accord, aujourd'hui monsieur est majeur. Mais sous Giscard, il aurait été mineur. Donc on peut parler de majorité relative, en quelque sorte. »

*

« Mais c'est ma femme ! J'ai quand même le droit de me bagarrer avec ma femme ! »

*

« Vous justifiez votre évasion en déclarant que, en détention, vous subissez des pressions d'un certain Citron. Vous refusez de donner la véritable identité de Citron. Vous dites que ce Citron vous donne des coups, qu'il vous force à faire des virements sur son compte. Que vous n'en pouvez plus de ce Citron. »

Les collégiens dans la salle se mordent les joues pour ne pas exploser de rire.

*

Un homme violent : « Je lui ai pas tiré les cheveux, non : c'est ses cheveux longs qui se sont enroulés involontairement autour de ma main. »

*

— Comment ça se fait qu'on vous retrouve encore dans un véhicule alors qu'on vous a retiré votre permis de conduire ?

— Mais j'avais pas le choix ! Je devais aller au Quick pour me chercher à manger !

*

Avocate de permanence *(avant le début des audiences, s'adresse à une victime)* : « Vous savez, aujourd'hui je défends votre agresseur parce que le droit français est fait comme ça, mais voilà. C'est pas de gaieté de cœur non plus. »

*

Juge *(lecture des faits à un jeune du quartier du Neuhof)* : Dans votre Clio, vous grillez un feu. Vous êtes pris en chasse par une patrouille. Vous prenez alors un sens interdit à vive allure, puis vous vous retrouvez bloqué dans la circulation par un bus. Le passager prend la fuite. Le policier sort alors son arme pour figer la situation, et se place à votre hauteur, près de la vitre conducteur. Puis les policiers procèdent à votre interpellation. Une situation qui rappelle de très, très, très mauvais souvenirs…

Policier au fond de la salle *(voix basse)* : Ça oui…

*

Une jeune femme à la barre, sur les violences de son mari : « Pour lui c'est normal. Même quand ça va bien entre nous, tous les matins, il me dit "Bonjour salope". »

*

« Si on m'envoie en prison, ce sera surtout une peine infligée à ma femme, qui a besoin de moi à ses côtés. »

On reproche à ce Russe de soixante-seize ans d'avoir ébouillanté son épouse ukrainienne en lui versant l'eau de la bouilloire dans le dos. Quand les policiers arrivent, elle est assise par terre, torse nu. La peau de son dos se décolle. Elle déclare aux policiers : « Je n'aurais pas dû lui parler de la guerre en Ukraine, ça l'énerve. » Elle ne veut pas porter plainte.

*

— Je lui ai donné des gifles, mais je l'ai pas tabassée.

— C'est quoi la différence entre gifler et tabasser ?

— Bah tabasser c'est des vrais coups.

[...]

— Vous la frappez à la tête avec une lampe.

— Mais c'était pas pour lui faire mal.

*

Ece est une jeune femme turque. Elle est assise à côté de moi au fond de la salle, très angoissée, en attendant que passe son dossier. Son mari, poursuivi pour violences, ne supporte pas la séparation, ni le fait qu'Ece fréquente un autre homme alors que le divorce n'est pas encore officiel.

Les parents d'Ece sont présents, mais ils se tiennent éloignés, et pour cause : ils sont venus soutenir le mari. « Parce que l'homme que je vois, il est kurde. Et ça, ça passe pas. Pour ma mère, surtout, ça passera jamais », m'explique Ece en se rongeant les ongles jusqu'à la peau.

*

— Vous la menacez en ces termes : « Si t'appelles les gendarmes j'égorge ton chien. »

— Mais j'ai dit ça, mais j'allais pas le faire en vrai.

— C'est justement la définition d'une menace, oui.

*

Avocat : « Monsieur s'est présenté à toutes, toutes, toutes les convocations. Sans exception. Bon, sauf une. »

*

— Le psychiatre indique dans son rapport que vous prenez des stupéfiants.

— Mais ça c'était il y a longtemps, c'était il y a vingt-trois ans !

— Non. Vous êtes sous stupéfiants, monsieur. Quoi que vous disiez.

*

Un policier à la recherche de son binôme : « Bon, il est où mon Jacquot ? Encore en train de draguer des victimes ? »

*

— Lors d'une dispute devant votre domicile, vous avez éclaté une bouteille en verre sur le sol, et un éclat l'a blessée au visage.

— Mais j'ai pas fait exprès moi, je peux pas contrôler les éclats !

*

Avocat : « Vous avez devant vous deux gamins. Trente-quatre et vingt-sept ans. »

*

— À la lecture des faits, vous trouvez vraiment que c'était une bonne idée de sortir boire des verres dans un bar avec des copains plutôt que de rester tranquillement à la maison devant la télé avec votre femme ?

— Comment vous dire…

*

Juge *(lit à toute vitesse)* : « Vous sucez tous des bites. Des grosses bites. Vous êtes des putains de ta mère de suceurs de bites. Toi, même pas je t'encule tellement t'es une tapette. Mais toi je t'encule à sec. Je t'encule avec un couteau toi. Toi tu suces des bites, sale pédé va, tu suces des grosses bites d'Arabes. Des grosses bites de bougnoules. Toi et tes collègues vous sucez des kilomètres de bites. Bande de pédés. Suceurs d'Arabes. Baltringues. » Qu'est-ce que vous avez à nous dire sur ces propos, monsieur Kessler, maintenant que vous avez dessoûlé ?

(Silence.)

Prévenu : Ben… que contrairement à ce qu'on peut croire, je suis pas raciste. Ni homosexuel.

*

— Vol de 300 euros de chocolat, plus deux bouteilles de Coca, et deux tubes de dentifrice Polident. À une autre date, à Leclerc cette fois,

73 euros de chocolat encore, et une autre date, vingt tablettes de chocolat. Pourquoi vous volez autant de chocolat, monsieur ?

— Je sais pas, parce que j'aime bien.

— Vous vous nourrissez que de ça, en fait.

— Un peu, oui.

— Cocaïne et chocolat, quoi.

*

Un avocat à un confrère, juste avant le début des audiences *(à voix basse)* : « Je dois plaider dans vingt minutes, t'as pas une bonne idée ? »

*

Un policier à une adolescente noire dont la coupe afro volumineuse lui frôle le visage en entrant dans la salle : « Oh là là, qu'est-ce qui se passe, là ? Une éruption ? » Il mime le geste.

*

Retour des juges qui statuaient sur deux dossiers. Pour le premier : « Le tribunal, après en avoir délibéré, prononce la relaxe pour l'ensemble des faits qui vous sont reprochés. »

Le prévenu lance des regards inquiets du côté de sa famille dans la salle, puis vers le juge, alternativement.

« Relaxe… Je comprends pas… Je comprends pas…

— Oui oui, vous êtes libre, monsieur. »

Le prévenu quitte la salle, éberlué, dans un bruissement général.

Puis second verdict : nouvelle relaxe. Alors que le public s'agite encore, un habitué des audiences glisse à son voisin : « Deux relaxes de suite ? Nan mais y doit y avoir un problème quelque part, c'est pas possible… »

*

Un homme de trente-quatre ans est accusé de proxénétisme sur mineures : « C'est pas parce que des filles se prostituent que c'est forcément des prostituées. »

Il hausse les épaules, comme s'il énonçait une évidence.

Prison ferme.

*

Prévenu : La balance de précision et le reste, je l'ai volé à quelqu'un, c'est pas à moi. Donc j'ai volé quelque chose d'illégal, c'est pas comme si j'avais fait du tort à la société.

Juge : Ah oui, le tribunal doit vous remercier en fait, c'est ça ?

Prévenu : *(Hésite.)* Baaah…

*

Juge : Pourquoi ça vous fait rire ?
Prévenu : Parce que je vous écoute.

*

— Vous pouvez dire ce que vous voulez, les faits sont caractérisés : ce jour-là, vous avez tapé votre femme. C'est tout. *(Le juge nettoie ses lunettes.)* Voilà. *(Il regarde à travers les verres et les replace sur son nez.)* Point barre.

— Ben non.

(Silence pesant.)

— *(Haussement d'épaules.)* Ben si.

*

— Vous vous appelez comment ?

— Je sais pas.

On prend cinq minutes pour savoir comment il s'appelle.

*

Audience tardive. Tout le monde fatigue.

Un avocat très âgé, pendant un bref moment de flottement où on cherche un document : À mon époque…

Juge *(interrompt)* : Non mais vous écrirez vos Mémoires, maître. On n'a pas le temps.

*

Ambiance tendue dans le couloir, à la sortie d'une affaire de trafic de stupéfiants. Un jeune s'adresse à un homme d'un certain âge, protégé par une ligne de policiers :

— Fils de pute va. Fais bien attention à toi. Si t'ouvres ta bouche j'te monte en l'air, écoute-moi bien.

Un policier s'interpose :

— Hé, on se calme jeune homme. Calme !

— Mais quoi c'est bon je peux parler à mon père quand même.

*

— Vous avez menti sur votre âge, monsieur.
— Pourquoi je mentirais sur mon âge ?
— *(Long soupir de dépit.)* Parce que vous mentez tout le temps sur tout.

*

Deux policiers réservistes, bras croisés, debout au fond de la salle pendant un délibéré :
— Je t'enverrais tout ça à Cayenne…
— Ou Guantánamo…
— Aaah, nan ! Français.

*

Veille de week-end, peu de dossiers. Ambiance guillerette avant le début des audiences. L'huissier taquine la greffière, l'interprète blague avec l'avocate, les policiers qui font entrer le prévenu saluent leurs collègues… Puis, alors que le prévenu cherche à poser une question, tout le monde s'interrompt *(sèchement)* : « Qu'est-ce qu'il veut, çui-là ? »

*

Procédure à juge unique. Il est 18 heures.

Prévenue à la barre : Puisqu'on est les derniers à passer de la journée, je peux prendre le temps de bien vous expliquer l'histoire.

Procureure : Ah, non ! *(Elle désigne une grande pile de dossiers sur la table de l'huissier.)* Il nous reste encore vingt-cinq dossiers à traiter après vous. Alors abrégez.

La prévenue attendait son tour dans la salle depuis 8 h 30.

*

« Vous êtes célibataire, et surtout sans enfants. Bien. »

*

— Quels sont vos rapports avec les produits stupéfiants ?

— Meilleurs qu'avec la justice, en tout cas.

*

Le juge au prévenu, après l'avoir écouté s'expliquer longuement sur les faits : « Vous parlez bien… *(Il le regarde d'un air suspicieux.)* Presque trop bien… »

*

Violences conjugales.

Juge : Vous avez essayé de vous défendre ?

Victime : Ben c'est que quand je me défends je ramasse encore plus. Donc il vaut mieux que je me laisse frapper et que j'attends que ça passe. Mais c'est pas l'idéal c'est sûr.

*

Juge : Vous lui dites qu'elle couche avec tout le quartier, que c'est une pute, qu'elle aille niquer sa m…

Tout à coup, la voix féminine d'un GPS résonne dans un micro : « Prendre la voie de gauche jusqu'à la rue de Sélestat. Faites 500 mètres, puis prendre à droite sur l'avenue Jean-Jaurès. »

L'assesseur s'empresse de couper le son du téléphone qu'il a en main, sous le regard furieux du président.

*

Juge : Le tribunal, après en avoir délibéré, vous déclare coupable de l'ensem…

Assesseur *(se penche vers lui, voix basse)* : Ah non non, y'a une relaxe…

Juge *(hésitant)* : Ah oui. Oui, vous êtes relaxé… Attendez, on va reprendre.

*

— Bien. Vous voulez ajouter quelque chose, monsieur, à part répéter « Je m'excuse » ?

— Oui. *(Long silence.)* Je m'escuse.

*

Juge : Le procès-verbal dit que vous n'avez aucune addiction.

Prévenu : Ah si si, j'ai une addiction !

Juge : C'est pas ce que vous avez dit à l'enquêteur social.

Prévenu : Ah bah si, je suis alcoolique !

*

« Je prends que du shit, mais je me drogue pas, c'est pas mon truc. »

*

« Tout ce que je peux vous dire, c'est que je suis pas un dealer, j'ai juste fait l'intermédiaire entre un revendeur et des clients pour gagner un peu d'argent, mais c'est tout. »

*

Avocat : « Mon client a toujours plus ou moins travaillé. Bon, plus moins que plus, mais quand même plus que pas du tout. »

*

Délibéré. On reproche au prévenu d'avoir séquestré un homme pendant cinq heures et de l'avoir frappé pour obtenir son code de carte bleue. Sa famille sort de la salle et discute dans le couloir.

— Sérieusement, on va quand même pas l'envoyer deux ans en prison pour ça !

— En plus il s'est excusé !

[...]

— Et surtout quand t'entends le verdict, faut rien dire. C'est comme ça la justice française aujourd'hui, elle te laisse pas t'exprimer. Et commence pas à pleurer devant tout le monde. Leur donne pas ce plaisir.

*

Avocat : « Vous savez, mon client a beaucoup mûri. Depuis hier. »

*

Prévenu : « On me dit je respecte pas mes obligations mais du moment que c'est une obligation je vais pas le faire, c'est logique. Faut pas que ça soit une obligation. Faut que c'est moi qui me prends en main. »

*

— Pourquoi vous attendez le 1er février pour vous faire soigner ?

— Parce que le mois de janvier c'est le début de l'année. Donc ça compte pas. Donc l'année – la vraie année – elle commence à partir du 1er février. Dans ma tête en tout cas c'est comme ça.

*

Juge : « Quand on vous voit, on a l'impression que le *dry January* ça vous a pas trop concerné, vous. »

*

« Il m'a mis un couteau de cuisine sous la gorge mais il a un bon fond. C'est quand même mon fils. »

*

Juge *(retire ses lunettes et les pose devant lui)* : « Bon, monsieur, avant que vous tuiez quelqu'un… *(soupire)* Qu'est-ce qu'on fait de vous ? »

*

Procureur : « Vous prenez des photos de voitures de luxe dans des containers. Bon. C'est peut-être un fétichisme particulier. Peut-être qu'il y a un forum quelque part sur internet où des gens partagent ce genre de fétichisme. Moi c'est pas ma came, mais après tout, chacun ses fantasmes. »

Le juge, sourcils froncés.

*

« J'ai fui à l'arrivée de la police parce que j'ai cru que c'était la mafia belge. »

*

— Vous faites donc l'objet d'une OQTF ?

— Ah, je savais pas.

— Oh, c'est pas vieux, c'est depuis hier.

— En tout cas, moi, j'ai rien signé.

— Ben si, vous l'avez signée, il y avait même un interprète.

— Ah non non.

Le juge sort une feuille du dossier et la lui montre.

— Et ça, alors, c'est quoi ?

(Silence.)

— Un papier.

*

L'avocat commis d'office commence sa plaidoirie : « Monsieur le président, mesdames du tribunal, quand on défend un client, on essaye de chercher un élément de personnalité, etc., qui puisse expliquer la commission des faits. Là, franchement… j'ai rien trouvé. »

*

Juge : « Fils de pute, sale Français, sale chrétien… »

Prévenu *(il lève l'index)* : Sale crétin ! J'ai pas dit « chrétien ». Crétin.

Juge : Ils ont écrit « chrétien » dans la procédure.

Prévenu : Ah non, je veux bien les insultes mais y'a des limites.

*

Une journaliste, au terme d'un long et éprouvant dossier de trafic de stupéfiants, de menaces, de violences *(se tourne vers moi et souffle en s'étirant)* : « Pfff, ça manque de rythme… »

*

« J'étais pas soûl puisque j'étais encore conscient. »

*

— Comme souvent dans ces cas-là, vous avez une addiction à l'alcool.

— J'ai trente-cinq ans, depuis l'âge de quinze ans, je dors dehors. Par moins dix, moins quinze, on dort pas. Donc on boit pour avoir une sensation de chaleur. Et c'est là qu'on prend une addiction à l'alcool. Mais j'essaye de m'en sortir. La rue, faut la vivre pour comprendre ce que ça fait.

— En tout cas, vous vous exprimez plutôt bien, vous présentez plutôt bien.

— Beaucoup de lecture, et puis être au chaud depuis quelques mois, ça aide, monsieur le président.

*

— J'y pas bisouin di l'intertrèpe.

(Silence.)

— Vous êtes sûre ?

*

Un jeune de dix-neuf ans dans le box, joues roses, longs cheveux blonds. Le juge le connaît : « Votre père était un voleur chevronné. Il vous a appris à voler dès le plus jeune âge : comment ouvrir une voiture, la démarrer, crocheter une serrure… Tout ça en vous instrumentalisant pendant toute votre enfance. Et depuis, ben vous volez, quoi. »

*

— Vous frappez votre mère, vous l'insultez, vous la traitez de vieille pute, de conne, etc., et vous menacez d'égorger ses chats.

— Ah ça, jamais je pourrais faire de mal à un animal.

*

— Quel type de stups ?

— Du CBD surtout, un peu d'alcool…

(Silence.)

— Et du crack, non ?

— Oui, voilà.

*

« Vous niez votre alcoolisme. Vous dites que vous ne buvez que pendant les repas. Le problème, c'est que les repas, il y en a trois par jour, tous les jours. »

*

Prévenu : Je voulais voler une voiture, mais y'avait pas assez d'essence. Donc je l'ai brûlée.

Juge : Ben oui. Normal.

*

Une avocate pressée installe en vitesse sa petite stagiaire de troisième un peu perdue : « Bon alors le premier dossier c'est un mec à moitié fou qui a menacé de mort une mineure, bla-bla, il lui a foncé dessus avec une voiture, etc., tu verras. Bon allez, je file. »

*

« Donc vous, monsieur, vous rentrez du bistrot où vous avez passé votre après-midi à boire, à jouer à des jeux de grattage, et en rentrant à la maison vous constatez que le repas n'a pas été préparé. Et là, c'est le début du cauchemar que vont vivre votre femme et vos enfants. »

*

« En fait, il ressort de l'expertise que vous n'avez pas de maladie psychiatrique. Vous êtes juste… pas très intelligent. »

*

Dans le public, pendant une suspension.
— Ma vie je crève de chaud.
— Ben enlève ta doudoune frère.
— Mais t'es un malade frère !
Les deux filles se lèvent et quittent la salle.

*

Un sans domicile est accusé de menaces sur un agent de probation.

Prévenu : Depuis 2005, depuis que j'ai perdu ma femme et ma fille dans un accident, plus rien ne va dans ma v…

Procureure *(interrompt sèchement)* : Attendez, vous allez pas me sortir le joker de la femme et la fille à chaque fois pour me faire accepter des violences. Ça marche pas avec moi.

Puis le réquisitoire : « À chaque fois il va nous dire : “J’ai ma famille qui est morte.” Bah non, c’est pas possible. »

*

— Vous avez le droit de garder le silence, de répondre à mes questions ou de faire des déclarations.
— Je peux faire une déclaration ?
— Non. Après.

*

« J’allais pas les décapiter, je suis pas quelqu’un… enfin pas qui décapite, en tout cas. »

*

Prévenu : On est champions d'Europe de consommation de cannabis, j'y peux rien moi.

Procureur : Oui, enfin, on est aussi champions d'Europe de handball, c'est peut-être mieux de se vanter de ça, non ?

*

« Vous avez commencé à prendre du Subutex en prison, alors que vous n'étiez même pas dépendant à l'héroïne ? Et vous trouvez que c'était malin, monsieur Schmitt ? »

*

Prévenu : « Dix-huit mois ça fait trois ans et pendant ces quatre ans j'ai pas eu de problèmes. »

*

SDF : « J'espère que vous m'enverrez en prison. »

Une bande de collégiens pouffe de rire dans le public.

Verdict.

— Vous êtes donc placé en détention, monsieur Müller.

— *(Pendant qu'on le menotte.)* Merci beaucoup, monsieur.

*

— L'antenne Meinau, c'est pas réinsérable, monsieur le juge. Y'a des gens qui se piquent, qui boivent, qui se shootent à l'héroïne, y'a des seringues qui traînent dans la cuisine. Moi je suis pas comme eux, monsieur.

— On va pas vous donner une médaille non plus.

— Mais moi je suis meilleur que personne.

— Ah bah ça, oui, je veux bien le croire.

*

Procureure : « Il nous dit qu'il a fait trois tentatives de suicide. Ça n'a pas dû être très sérieux comme tentatives, puisque ça n'a pas réussi. »

*

Juge : « Le tribunal prononce une interdiction de rentrer en contact avec Mélinda S., par quelque moyen que ce soit. C'est-à-dire que, pour vous, elle n'existe plus, fini. Pour vous, elle est morte. Ça tombe bien, puisque de toute façon vous vouliez la tuer. »

*

Prévenu : Je passais mes journées seul dans ma chambre, je regardais la télé, je pensais… Je me remettais en question.

Juge : Ça n'a pas trop marché visiblement.

*

« Vous avez vraiment raté votre bac ? En 2023 ? »

*

— Votre femme est enceinte de quatre mois, et plutôt que de rester avec elle, vous ne trouvez rien de mieux à faire que traîner dehors.

— Je me bouge, je fais le maximum.

— Ah oui. Donc ce que vous appelez « le maximum », vous, c'est vendre de la résine de cannabis devant l'épicerie du quartier. Bien.

*

Prévenu : Vous savez très bien que dans ce genre d'histoires, il y a toujours un gros poisson. Moi je suis un petit poisson, monsieur.

Son avocate *(se tourne vers un confrère, voix basse)* : Oh c'est mignon…

*

— Sur votre téléphone, on retrouve des vidéos où vous vous filmez en train de conditionner de la drogue sous forme de poudre blanche.

— C'était des médicaments pour ma grand-mère !

— Eh beh… elle doit être très en forme, votre grand-mère, à l'heure qu'il est.

*

— Tu trouves ça normal de plaider en baskets, toi ?

— Je sais. C'est un truc qui se fait en province.

*

Avocat : « Entre nous, monsieur le président, il suffit de lire la procédure : on voudrait le faire passer pour Pablo Escobar, mais mon client, c'est le pire dealer du monde. Aucun talent. Nul ! D'ailleurs, il se fait interpeller comme un bleu. »

Le prévenu, mains dans le dos, menton levé, serre la mâchoire.

*

Prévenu : Je pense que je vais miser sur la place de mécanicien chez Euromaster.

Juge : Oui, je pense aussi qu'il vaut mieux miser là-dessus. Parce que votre carrière de voleur, ça marchera jamais, je vous le dis.

*

« Non, j'ai pas tout inventé, monsieur le président. Je suis pas assez malin pour inventer des bails aussi compliqués. »

*

— Quand est-ce que ça va s'arrêter, tout ça, monsieur Becker ?

— Quand je vais mourir. C'est pour bientôt.

— Oui, enfin, vous nous dites ça à chaque fois mais vous êtes toujours là.

*

Prévenu : [...] et j'ai pas pensé sur le moment que j'aurais pas aimé qu'on me le fasse, mais ensuite...

Juge *(interrompt, agacé)* : En fait je vais vous dire, monsieur Hott, ça nous intéresse pas.

Puis, après la longue plaidoirie de l'avocat : « Bien. Vous voulez ajouter quelque chose, monsieur Hott ? Vous n'êtes pas obligé, hein. »

*

« Quand mon mari n'a pas bu, il est très gentil, mais il boit tout le temps. »

*

Atteinte sexuelle aux bains municipaux.

— Donc, dans ce sauna, vous demandez à cette jeune femme si elle veut bien faire connaissance avec vous. Et là, sans vous dire le moindre mot, elle quitte la pièce. Et vous prenez ça pour une réaction positive de sa part ?

— Ben ça pouvait être une invitation à continuer ailleurs, je sais pas.

*

« J'ai jamais dit ça, madame. "Je vais t'égorger" c'est pas du tout dans mon vocabulaire en matière de menaces de mort. »

*

« Le tribunal prononce une peine complémentaire de dix ans d'inéligibilité. Bon, c'est une peine automatique, hein. On se doute bien que vous n'allez pas vous présenter aux présidentielles demain. »

*

Procureur : Je regrette d'ailleurs que M. Wetzel ne soit pas venu devant le tribunal aujourd'hui pour assumer ses actes.

Avocate : Il est interné en psychiatrie !

Procureur : Oh c'est tellement facile…

*

Avant le départ du prévenu en détention, à la suite du verdict :

— Est-ce que vous avez des problèmes de santé ?

— Ça vous regarde pas.

— Est-ce que vous prenez des médicaments ?

— Pas vos affaires.

— Est-ce que vous avez des addictions ?
— M'en fous.
— Bien.

*

Procureure : « On a l'habitude, il avait promis au moins trois fois de se suicider, M. Ferstein, et en tout état de cause, il ne l'a pas fait. »

*

— Est-ce que vous avez traité votre femme de pute, monsieur ?
— Nan mais j'ai dit ça parce que voilà, j'ai dit « pute », mais pas « pute », « pute ». C'était une façon de parler, voilà, de dire qu'elle la faisait, etc., mais c'est manière de dire.
— Qu'elle faisait quoi ? La pute ?
— Bah qu'elle fait la pute, oui.

— C'est-à-dire ? Elle se prostitue, vous voulez dire ?

— Nan, mais elle sort dehors, etc. *(Gêné.)* Vous voyez.

*

Avocat : « Mon client n'était pas connu de la justice depuis sa dernière comparution. »

*

Avocate des parties civiles *(alors que le prévenu éclate en sanglots dans le box)* : « En tout cas je suis contente de voir que ça fait rire monsieur… »

*

« Mon compagnon c'est Mr. Jekyll et Mr. Hyde. Comme le Joker. »

*

Victime, à la barre *(voix faible)* : Il est parti faire des courses, pis il est allé acheter le pain. Ensuite il est rentré, pis il a fait chauffer de l'eau pour le café... Ensuite...

Juge *(sèchement)* : Nan mais nous ce qui nous intéresse, c'est les violences, madame.

*

Pendant une suspension d'audience, un avocat à des personnes du public : « Les gens se font des idées sur le métier d'avocat, mais en réalité on fait quoi, on passe notre temps à attendre, attendre, attendre... et puis d'un coup on parle pendant dix, quinze minutes, grand max, et puis on attend, on attend, on attend. »

*

« Il m'a giflée tellement fort que j'ai perdu connaissance. »

*

Un journaliste est plongé dans la lecture d'un livre. Quelqu'un passe :

— Vous lisez quoi ?

— Un livre sur la Rhodésie dans les années 1980.

— Oh, pointu ! Ça se passe où ?

— Ben en Rhodésie. Un ancien pays... *(L'autre ne l'écoute plus.)*

Cinq minutes plus tard, une avocate :

— Tiens, tu lis quoi ?

— Un livre sur la Rhodésie...

— Ah, ça se passe à Rodez ? Génial, j'adore.

*

Prévenu : Moi je vois la vie avec légèreté, monsieur.
Juge : Oui, enfin, vu la quantité de drogue que vous consommez, c'est pas très étonnant.

*

— À quel moment vous avez pris conscience que c'était grave, ce que vous lui faisiez, monsieur ?
— Au moment où j'ai retiré mon doigt.

*

Huissier *(me montrant les rôles d'audience)* : « Faut savoir que M. Weiss, il est mondialement connu dans le Nord-Alsace. »

*

Avocat : « On est sur de l'atteinte aux biens. Et quand je dis "atteinte aux biens"… c'est atteinte aux biens. Je crois que tout est dit. »

*

Prévenu : Mais y'avait rien d'illégal dans cette sacoche, je vous dis !

Juge : Alors pourquoi l'avoir abandonnée, dans ce cas ? Il y avait quoi, dans cette sacoche ?

Prévenu *(longue hésitation, puis, d'une voix mal assurée)* : Des gels…

Juge : Des gels ? Quoi comme gels ?

Prévenu : Des lubrifiants… et des préservatifs.

(Silence.)

*

Discussion entre avocats devant la salle.

— Faut rappeler aux experts qu'ils sont experts en pas grand-chose. T'en as une, par exemple, c'est l'experte du « je vous le dis ». Question, en cour d'assises des mineurs : « Comment vous pouvez affirmer avec certitude que ce mineur est un psychopathe ? » Réponse : « Je vous le dis. »

[...]

— Je me souviens d'un expert qui avait déclaré fou un médecin radié de l'Ordre. Alors que pas du tout. Et on a eu des nouvelles de ce médecin des années après sa réhabilitation.

— Et alors ?

— Ben il était devenu complètement fou, à cause de cette histoire.

*

Entre avocats toujours.

— J'étais au barreau de Belfort, avant.

— Mais… de votre plein gré ?

*

Juge : Je demande une suspension d'audience pour une pause déjeuner.

Avocate : Ah non ! Je dois être au tribunal administratif à 14 heures !

Un autre : Et le parcmètre coûte une blinde ! Mes clients attendent depuis 8 h 30.

Juge : Oui, d'accord, mais je veux pas qu'un de mes assesseurs tombe dans les pommes parce qu'il aura pas mangé depuis 7 heures du matin.

Avocate : Mais on est convoqués à 8 h 30, on peut pas bloquer toute une journée pour ça, juste parce qu'on n'a pas d'ordre de passage !

Juge : Je sais pas quoi vous dire. Adressez-vous au chef de juridiction. Ici, c'est comme ça que ça fonctionne. C'est une vraie méconnaissance de notre juridiction.

Avocate *(au bord des larmes)* : Donc mon client au tribunal administratif n'aura pas d'avocat, c'est ça…

Couple de prévenus mécontents, en sortant de la salle : On en est à 30 euros de parking depuis ce matin ! Et ils suspendent pile quand c'est notre tour ! Quand c'est qu'on se fait juger, nous ? Quand c'est que c'est notre moment ?

*

— Je cherchais une femme mature, une femme bien dans sa tête, une femme avec qui je pouvais avoir des vraies discussions.

— Elle avait treize ans au moment des faits, monsieur…

*

« Je l'ai peut-être tapée avec ma main par cognements mais c'était pas des coups portés volontairement, vous comprenez ? »

*

PV d'arrestation : « Son épouse se présente en état de grossesse manifeste. »

*

Procureur : « Et pourtant, tout roule dans votre vie, jeune homme ! À part le décès de votre père. »

*

« Ce jeune homme, c'est surtout son casier judiciaire qui l'entraîne vers le fond… », dit le procureur au prévenu dont le père s'est noyé dans le lac de Lingolsheim.

Avant de poursuivre, toujours sans s'en rendre compte : « Ce jeune, il faut l'aider à refaire surface. »

*

« Je regrette vraiment ce que j'ai fait mais elle a eu ce qu'elle mérite. »

*

Une séparation qui tourne au conflit.

Avocat *(se tournant vers la partie civile, l'air malicieux)* : Il me semble, madame, que, alors que vous avez une petite fille, vous êtes toxicomane, c'est bien ça ?

Prévenue *(se lève, outrée)* : Mais vas-y t'es qui toi ? T'es qui ? Tu parles pas de ma fille, toi. *(Quittant la salle, escortée par l'huissier, sur ordre de la présidente.)* Bande de fils de putes ! Justice mes couilles !

Avocat : Bref, il me semble qu'elle est toxicomane.

*

À la barre, une femme en élégant manteau noir, chevelure soignée, sac à main de cuir, bottines à talons, parfaite élocution.

Juge : Quels sont vos revenus ?

Prévenue : Je touche actuellement le RSA.

*

Juge : « Il a été relevé par l'expert une grande force de caractère, en même temps qu'une grande vulnérabilité. Bon. Ça vaudra ce que ça vaudra. »

*

— Donc aujourd'hui, madame, avec tous ces éléments, vous revenez sur vos déclarations ? Ou vous les maintenez ?

— Je reviens sur mes déclarations.

— Donc monsieur ne vous a pas frappée ?

— Non. C'est moi qui l'ai frappé.

— Mais enfin, vous êtes insupportable ! Vous vous rendez compte de ce que vous faites ? Vous instrumentalisez la justice et vous allez porter plainte pour la simple raison que vous êtes « soûlée » ?

*

« Rien ne coïncide. Vous dites, madame, que vous emménagez avec lui avant même la date de votre rencontre ? Vous racontez n'importe quoi, en fait. »

L'ex-conjoint qu'elle accusait de violences est finalement relaxé.

*

Devant la salle, une avocate expérimentée explique le fonctionnement du tribunal à une jeune pénaliste venue de Moselle.

— Donc ici on fait monter le prévenu depuis les geôles, il reste dans son petit truc machin…

— Le box ?

— Oui voilà.

La même avocate à une autre jeune qui vient la saluer *(condescendante)* : Bonjour, on se connaît ?

— Oui, j'étais en stage chez vous, il y a six mois.

*

« Il m'a frappée, m'a laissée en sang à moitié inconsciente sur le carrelage, puis il est descendu au café, pour regarder le foot. »

*

Procureur : « Nous sommes dans le cadre de rencontres homosexuelles furtives, la nuit, sur un parking. Quand la police arrive, elle découvre dans la voiture trois fiottes… trois fioles, pardon, contenant un liquide indéterminé qu'on soupçonne d'être une drogue de synthèse. »

*

— Comment vous faites pour arrêter l'héroïne ?

— Grâce à mon chien, que m'a offert mon fils. Il me donne beaucoup de stabilité.

— Et c'est suffisant ?

— Pas vraiment, non.

*

Un policier se confie : « Moi je suis considéré comme un gentil flic par les gens. Ça me fait un peu chier, mais bon. »

*

— Pourquoi vous dites que vous êtes seule ici en France, puisque vous êtes née en France ?

— Ah non, je suis pas née en France, je suis née en Moldavie.

— Dans le dossier y'a écrit « née à Chisinau[2], France ». Bref, passons…

*

2. Chişinău est la capitale de la Moldavie.

— Votre Subutex, vous vous le faites prescrire ? Ou vous l'achetez dans la rue ?

— Je me le fais prescrire dans la rue.

*

Je demande à un policier pourquoi des présumés innocents sont emmenés menottés dans le box. « Les gens comme vous et moi, les gens normaux, ils supporteraient pas d'être menottés. Mais eux ça va, ils sont habitués, ils s'en foutent. »

*

— Vous avez été condamné en 2021 à dix mois d'emprisonnement ferme.

— J'étais même pas au courant.

— Peut-être parce que vous n'étiez pas présent à votre procès ?

— C'est possible. J'étais pas mal occupé en 2021.

*

« Pourquoi je volerais, monsieur le juge ? J'ai quarante-six ans ! »

*

Journaliste : Le collègue, il est à Paris, il couvre le procès de Trèbes, de… Comment il s'appelle, là, notre héros national…

Avocat : Francis Heaulme ?

*

— Vous avez des troubles psychiatriques, monsieur ?

— Non merci.

*

Prévenu, après avoir entendu son verdict : « Pour les six mois de prison de la première peine, OK je les prends, mais les trois mois en plus, franchement, monsieur le juge, mettez-moi deux mois et allez c'est bon. »

*

Discussion entre avocats, pendant une suspension : « L'autre fois, un juge qui nous dit : "Oh, les avocats, allez regarder sur le fronton du bâtiment, y'a écrit palais de justice, y'a pas écrit palais du droit, donc moi je suis là pour rendre la justice, pas pour faire du droit, le droit c'est qu'un outil, moi je dis ce qui est juste." On s'est tous dit : oh le zadiste… »

*

Pendant un délibéré en fin de journée, dans le public : « C'est long… Tout ça pour des Géorgiens, en plus… »

*

Il est animateur dans un centre de loisirs. Il joue de l'orgue tous les dimanches; son père est le pasteur du village. Décrit comme gentil, discret, serviable. Et 60 812 fichiers d'enfants nus sur son ordinateur.

*

Juge : « Pendant votre audition, vous déclarez : "J'ai trouvé la lacrymo par terre devant le magasin, et ensuite je l'ai actionnée par accident en direction du visage de l'agent de sécurité. Et ensuite c'est pas que j'ai voulu fuir, j'ai eu un besoin urgent de prendre l'air." Bref, vous racontez n'importe quoi. Et c'est pas fini. »

*

Avocat : « On peut quand même davantage faire confiance à la parole d'un gendarme qu'à un employé de Super U, excusez-moi. »

*

L'huissier à l'avocat, avant l'audience :

— Vous voulez voir le dossier, maître ?

— Non non, merci.

— Vous le connaissez déjà par cœur, c'est ça.

— Ah non, c'est juste que j'en ai rien à foutre.

*

Des jeunes devant la salle : « La procureuse c'est une grosse pute mais elle parle bien, en vrai c'est vrai. »

*

« Oh vous savez, vous pouvez y aller, vous ne me faites pas peur, monsieur », lance l'avocat des parties civiles au prévenu agité qui se fait maintenir fermement par trois policiers dans le box, derrière la vitre, à l'autre extrémité de la salle.

*

« Mes autres refus d'obtempérer j'avais même pas le permis. Cette fois je l'avais, y'a quand même du mieux ! »

*

« J'ai pas le temps de travailler, je suis tout le temps en prison. »

*

Au distributeur de boissons : « Un CACES pour les cassos, ça ferait un bon slogan, non ? »

*

« Les gyros, je les ai vus, mais j'ai pas entendu le pin-pon. Si j'avais entendu le pin-pon je me serais arrêté. Mais non, pas de pin-pon. Pas de pin-pon. »

*

« Je suis quelqu'un de bien, j'essaye toujours de faire le bien quand je fais pas mes conneries, mes vols, etc. »

*

La juge regarde le prévenu d'un air suspicieux.

— Vous avez consommé quelque chose avant de venir à l'audience ?

— Juste un petit déstressant, pour être moins anxieux.

— Quel genre ?

— … deux litres de vin.

*

Dans le public : « Ils peuvent pas la boucler un peu, les Moldaves au fond de la salle ? »

*

Procureur : Est-ce que vous pensez que vous êtes stupide ?

Prévenu : Stupide, c'est-à-dire ?

Procureur : Vous ne comprenez pas « stupide » ? Alors, est-ce que vous êtes bête ?

Prévenu *(hésitant)* : J'ai été bête, mais je suis pas bête.

Procureur : Vous êtes sûr ? Et nous, on est bêtes ?

Prévenu : Ah non. Si vous êtes là, c'est que vous êtes pas bêtes.

Procureur : Je n'ai pas d'autres questions, madame le président.

*

Procureur *(lassé)* : « Ça fait quinze ans qu'on entend l'histoire du mec rencontré dans la rue. "J'ai rencontré un mec dans la rue, je connais pas son nom, il m'a demandé de faire un truc pour lui, mais je savais pas que c'était illégal." Franchement, j'en peux plus. Vous voulez pas changer un peu d'histoire ? Pensez à nous ! Vous voulez pas être un peu créatifs ? Vous êtes créatifs pour les vols, mais pour les histoires, vous êtes franchement mauvais. »

*

« Grosse pute. » « Grosse vache. » « Avec ton gros cul de vieille et tes nichons qui pendent. » « Suicide-toi ! » « Je te tiens au-dessus du précipice, si t'es encore vivante, c'est grâce à moi. » « Je ruinerai ta carrière. » « Je vais te buter, connasse. » « Je sais même pas comment t'as fait pour avoir ton concours, petite prof de khâgne de merde. » « Va te faire lécher la chatte. » « Va sucer des bites au lycée. » « Faut pas s'étonner qu'on ait envie de te casser la gueule. » « Grosse ménopausée, grosse salope, grosse vieille. » « Si je coule, tu couleras avec moi. » « Bien fait pour ta sale gueule de pauvre pute. »

Un poète, lauréat du prix Goncourt de la poésie, poursuivi pour violences conjugales.

*

« Gros succès au quartier, vers 2020. Tout le monde faisait ça », dit à la barre le jeune prévenu au sujet de la combine consistant à publier de fausses petites annonces d'*escort girl* pour racketter les clients dans la cage d'escalier du bâtiment.

*

— J'ai un honneur, je vais pas balancer son nom.
— Pourquoi ? Vous avez peur d'un petit ?
— Nan. Mais ça se fait pas.
— Et aller racketter à quatre ou six contre un, c'est l'honneur, ça ?
— C'est pas pareil.

*

Effervescence dans la salle avant le début des audiences. Un policier vient me voir *(à voix basse)* : « Aujourd'hui on a une star ! Jean-Marc Reiser. L'assassin de Sophie Le Tan. Pendant sa garde à vue, il a dit aux collègues : "Je suis déjà condamné à perpète, donc votre petit procès, là, j'en ai rien à foutre." Ça va être sympa. »

*

« Y'a des insultes d'accord, mais ça reste que entre nous. »

*

« Écoutez, monsieur le président, je vais vous dire la vérité. »

Le policier derrière lui pouffe de rire.

*

« Le pistolet que j'avais dans le sac, monsieur, le pistolet que j'avais dans le sac, par la force du Seigneur, il tombe par terre devant l'école. Mais moi je voulais pas, je voulais pas monsieur, c'est parce qu'ils veulent m'éliminer, c'est parce que les gens ils veulent m'éliminer monsieur. »

Prison ferme et obligation de soins pour celui que le quartier appelle le « coupeur de tête ».

*

— Je travaille dans la gastronomie.
— Où ça ?
— McDo.

*

« Nan mais monsieur le juge, j'ai pas insulté la police, j'ai juste dit que c'était des esclaves ! Elle est où l'insulte ? Je veux bien reconnaître mes torts, mais faut pas tout me mettre sur le dos. »

*

Prévenu *(agité)* : « Je suis astrophysicien, j'ai étudié le droit, j'ai étudié la médecine, j'ai étudié les mathématiques, j'ai étudié l'astrophysique, j'ai étudié la médecine, j'ai étudié... J'ai tout étudié. »

*

— Vous avez fait une demande pour intégrer l'hôpital de jour ?

— Non, pas deux jours, plus.

— Nan mais pas « deux jours », l'hôpital de jour, « de » *(insistant sur le « e » ouvert).*

— Deux, nan, j'ai jamais demandé ça, madame.

— Bon, laissez tomber.

*

— Vous voulez ajouter quelque chose à ce qui vient d'être dit ?

— Oui. *(Silence.)* Y'a deux choses qui sont infiniment grandes : l'univers, et la bêtise humaine.

(Silence.)

— Bon…

*

— Ça fait un petit moment que j'ai rien fait de mal.

— Oui, enfin, en même temps, vous êtes déjà incarcéré.

*

Juge *(lecture rapide du dossier)* : « Au moment des faits, le chien aboyait toute la nuit, et depuis, le chien est mort, problème résolu. Ensuite… »

*

Verdict :

— Interdiction d'avoir un animal pendant cinq ans.

— Mais… Et mes coqs ?

— La SPA. Ou vous en ferez un coq au vin.

*

« On s'est déjà menacés cinquante fois, c'est pas ça le problème. »

*

Le journaliste local est en aparté avec une avocate. Je tends l'oreille pour intercepter des informations sur un dossier qui m'intéresse. Mais : « On dira ce qu'on veut, mais y'a des choses chez Disney qui sont pas si mal. *Aquaman* par exemple c'est pas inintéressant… »

*

Un prévenu, au sujet de sa petite sœur : « Je suis sa meilleure protection. Je l'aime plus que n'importe qui. »

Il lui est reproché d'avoir envoyé un message à sa sœur depuis sa cellule : « Quand je sors t'es morte. Tu pourras plus marcher, tu pourras plus parler. »

*

Juge : « Monsieur, vous avez demandé un interprète, il est là. Donc arrêtez de nous parler français, vous parlez en arabe et l'interprète nous fait la traduction. »

*

— C'est qui l'autre clochard là-bas ?
— C'est son avocat.

*

« J'avais trop bu ce soir-là, j'ai dépassé les bords. »

*

Prévenu : « J'avais déjà dix-huit ans au moment des faits, j'allais pas voler un vélo madame, au quartier c'est un truc de petits, le vol de vélo. Pour moi je le prends comme une insulte. À douze ans je volais des vélos, mais pas à dix-huit. À cet âge-là, je volais déjà dans les locals d'habitation. »

*

« Le 14 février dernier, pour fêter la Saint-Valentin, vous lui offrez trois gifles. »

*

Aux policiers : « Fils de pute, vous êtes que des traîtres, des suceurs de Macron. Nique ta daronne toi, fils de pute c'est moi qui vous paye. Tu fais des enquêtes pour rien sale pute t'es un traître, tu donnes pas envie de croire à la France de la Gaule. Bah oui je connais l'histoire fils de pute. »

*

Un témoin à la barre, pour un conflit de voisinage qui a dégénéré : « M. Woggel, dans le village, c'est comme Alain Delon, personne lui dit ce qu'il doit faire. »

Deux avocates examinent le ventru et dégarni M. Woggel, échangent un regard et se remettent à pianoter sur leur téléphone, sourire aux lèvres.

*

Harcèlement sur conjointe.

Juge : « Vous lui dites par message : "Je ne t'enverrai plus de message, à partir de maintenant." Sauf qu'il y en aura encore des dizaines et des dizaines. Je pourrais passer ma journée à les lire. »

*

Prévenu : « Y'a des gens qu'ils portent plainte contre moi parce qu'ils en veulent après mon argent. Parce que je touche l'allocation adulte handicapé. »

*

« Quand j'ai pas bu, je fais n'importe quoi. »

*

Harcèlement sur conjointe.

Prévenu : Je méritais de la rendre heureuse, par mes sourires, par mon amour, par ma patience… Et elle, elle méritait tellement mieux que ce qu'elle a aujourd'hui. Mais elle a fait ce choix, que je ne comprends pas, mais que je dois accepter. Je vais devoir vivre une vie sans savoir. Sans savoir pourquoi elle n'a pas voulu de la vie que je lui proposais. Je n'aurai jamais la réponse.

(Silence.)

Juge : Vous êtes suivi par un psychiatre ?

*

— Madame la présidente, tellement de choses à dire, je pourrais plaider ce dossier pendant deux heures.

— Non!

*

— Mon fils il a rien fait, il est comme un bébé...

— Un bébé qui trafique de la drogue quand même.

*

Violences conjugales.

Juge : « Madame déclare aux policiers : "Je voudrais me séparer de lui, mais il y a le problème de la garde de mes enfants, et je n'ai personne." Voilà. C'est le problème de toutes ces femmes qui veulent partir, mais qui bossent, qui ont des enfants, pendant que leur conjoint boit des coups avec les copains, en attendant que le repas soit fait. Comme on va le voir maintenant. »

*

— Ce genre de disputes violentes, c'est destructeur pour les enfants.

— Oui, je sais.

— *(Sèchement.)* Alors si vous savez, pourquoi vous continuez ?

Le prévenu hausse les épaules et baisse la tête.

*

Juge : « Vous dites à votre ami : "Je vais me faire couper la langue en deux, me faire couper les deux annulaires, assassiner mon frère et mettre fin à mes jours." Un programme qui a donné la bonne idée à votre ami de prévenir la gendarmerie. D'autant que vous avez commencé à le mettre à exécution, puisque vous vous êtes effectivement coupé la langue, dans le sens de la longueur. Il y a des gens qui font ça, apparemment. Puis vous êtes allé en Suisse pour voir un gars qui était d'accord pour vous couper les annulaires, pour la somme de 12 000 euros. Soit 6 000 euros chacun. Vous avez essayé de négocier le tarif à 4 000. Finalement, vous avez renoncé, vous avez trouvé ça trop cher, donc vous avez dit que vous le feriez vous-même, avec une scie circulaire. Bon, finalement vous avez renoncé à ça aussi. Mais quand même, votre frère est très inquiet. »

*

« Il a dit que quand il sortirait de prison, il la tuerait. Il a déjà envoyé des messages aux gens du travail de maman pour dire qu'il allait lui tirer dessus. »

Lecture de l'audition de Chloé, dix ans.

*

— J'ai jamais levé la main sur mes enfants.

— Il y a des mots qui sont plus durs que des coups. Pour les enfants, souvent ça ne fait aucune différence. Les traumatismes sont les mêmes. Si vous vous intéressiez à vos enfants, vous le sauriez déjà.

*

Verdict.

Juge : « Du sursis, ça veut dire que vous avez six mois au-dessus de votre tête. »

La prévenue se penche en arrière pour voir les six mois au-dessus de sa tête. Les policiers dans le box sont pris d'un fou rire. Fin de journée.

*

À la barre, une femme à l'apparence soignée, à propos de sa suspension de permis *(voix tremblante)* : « Ça fait un an que je suis obligée de prendre les transports en commun. Vous imaginez ? »

*

« Vous retirez votre sexe et éjaculez sur son ventre. Puis vous essuyez votre sperme avec un mouchoir. Et vous vous rendormez aussitôt. Pendant toute la scène, elle fait semblant de dormir, elle se sent comme pétrifiée, incapable de réagir. Plus tôt dans la soirée, elle vous avait dit non. Mais vous étiez frustré, donc vous avez attendu qu'elle dorme. *(Silence.)* C'est extrêmement grave, ce que vous avez fait, monsieur. Si vous échappez à la cour d'assises, c'est uniquement grâce à elle. »

*

« Faites bien votre travail d'intérêt général, ça fera au moins une ligne sur votre CV. »

*

Procureur : « Les faits sont malheureusement très simples. »

*

« J'ai avalé tous les médicaments que j'avais. Y compris l'ecstasy. »

*

Juge : « Sale pute, suceuse de bite molle, je vais te jeter aux ordures, j'attends l'éboueur. Ta fille c'est la même pute que toi, elle se fait baiser par tout le monde. Elle couche avec son copain comme une salope et elle ose même pas avouer que la capote dans la poubelle c'est la sienne. » Quand sa fille descend pour prendre la défense de sa mère, elle vous dit : « T'as une grande bouche toi », et vous répondez : « Pas autant que la tienne remplie de sperme. » Et quand elle vous dit : « Ma mère elle porte plus ses couilles que toi », vous dites : « Normal à force que je vide mes couilles dedans tous les soirs. » Je rappelle que votre belle-fille a quinze ans.

(Silence.)

Juge : Qu'est-ce que vous nous dites aujourd'hui, monsieur Bommel ?

Prévenu : J'en sais rien. J'ai même pas lu les auditions.

Juge : Bah voilà, je vous les donne.

Prévenu : Merci c'est bien aimable.

*

Procureure *(en colère)* : Monsieur le président, je vous coupe, mais ça fait je ne sais combien de fois que monsieur regarde la victime de façon pressante.

Victime *(en pleurs sur le banc des victimes)* : Mais je suis pas une victime !

Procureure : Oh que si.

*

Une mère à sa fille, à propos de l'avocat commis d'office atteint de handicap qui n'a pas pu empêcher l'incarcération de son fils : « J'aurais voulu lui payer un bon avocat et voilà ce qu'on se tape. Non mais t'as vu ça ? Un bibelot qui marche même pas droit. »

*

Juge : Pourquoi vous n'avez pas respecté votre contrôle judiciaire ?

Prévenu : Je suis tombé en dépression. J'ai perdu ma femme et mes enfants.

Juge : Mais là, vous pourriez perdre votre liberté.

Prévenu : Ma femme et mes enfants c'était plus important que ma liberté.

*

Avocat : « Les faits sont d'une simplicité assez simple. »

*

Audience du matin, deuxième étage. Un avocat de la défense : « Le jour où il n'exercera plus, le Dr Dauer, ce sera une bonne nouvelle pour tout le monde. *(Le juge acquiesce en souriant.)* Il y a huit plaintes contre lui, mais le tribunal continue de lui demander des expertises. Là encore, on a un rapport d'expertise merdique, qui sert à rien. Avec, notamment, aucune question en lien avec le travail, alors que mon client est en burn out, et que tout le dossier en découle. »

Audience de l'après-midi, premier étage, autre juge, autre dossier : « Le tribunal ordonne une expertise psychiatrique par le Dr Dauer, et renvoie l'audience en mars. Vous avez intérêt de vous rendre au rendez-vous avec l'expert, monsieur Ziegler. C'est dans votre intérêt que je dis ça. »

*

Juge : « Vous n'avez pas de papiers, pas de travail, vous ne parlez pas français, pourquoi vous restez ici ? Rentrez en Afghanistan ! »

*

Juge, à un prévenu qui souffre de dépression : « Bon, vous avez l'air d'aller plutôt bien, pour un suicidaire. Vous auriez pas un petit côté *drama queen*, non ? »

*

— Mais j'ai pas tout mon cerveau !

— Oui, bah c'est pas de nature à nous rassurer. Surtout si vous vous baladez en ville avec une hache à la main.

*

« Vous envoyez à votre ex-compagne cinquante-cinq messages. Je précise : ça, c'est avant 8 heures du matin. Ensuite on a arrêté de compter. »

*

En pleine instruction d'un dossier de violences intrafamiliales. Salle comble. Une jeune fille dans le public se lève et se dirige vers la sortie.

Juge *(en colère)* : « Eh vous, mademoiselle, là. Vous êtes qui, là ?

— *(Fébrile.)* Je suis en stage de troisième avec une avocate.

— Ah, vous êtes en stage avec une avocate ? Eh bah vous avez des progrès à faire. Vous dérangez tout le monde !

— Mais j'ai un train.

— Eh bah vous auriez dû partir avant. »

Humiliée, la jeune fille quitte la salle en vitesse, tête basse.

(Silence.)

« Bon. On en était où. Ah oui. Que c'est destructeur pour les enfants d'assister à tout ça. »

*

Dans le public, pendant un délibéré :

— Trop de violences conjugales ces derniers temps, je trouve. Au moins les SDF ils ont de temps en temps un côté rigolo, haut en couleur.

— Quand ils sont français, oui. Parce qu'avec l'interprète c'est chiant. Tout traduire, machin… Pis de toute façon, même dans leur langue ils comprennent rien.

*

Une victime de vol : « J'aurais au moins voulu pouvoir récupérer mes bijoux de première nécessité. »

*

— Vous avez des amis à Strasbourg ?

— Oui, mon psychiatre.

— Pas pareil que quoi ?

— *(Elle se ferme.)* Nan mais c'est bon, en fait. J'ai rien dit.

— Mais si, allez-y. On vous écoute.

— Nan, c'est bon. J'ai pas besoin, j'ai besoin de personne.

*

Victime à la barre : « C'était un truc inimaginaire. Même à des moutons on fait pas ça. Et ce qu'ils ont dit c'était des pochettes de mensonges. »

*

— Un témoin dit qu'il aperçoit une jeune femme blonde châtain clair.

— Pfff, n'importe quoi.

— Ben c'est ce qu'il dit.

— J'suis pas du tout blonde châtain clair, j'suis blond vénitien.

*

« Vous nous dites que vous volez pour nourrir votre enfant, mais à votre avis, madame, votre enfant, vous croyez qu'il a besoin d'un Candy'Up et d'un Kinder Bueno ou d'une maman en liberté ? »

*

Enfoncées dans leur fauteuil, une avocate et une consœur médisent sur un binôme d'auditeurs de justice partis délibérer avec les juges : « Maintenant ça y est moi j'ai basculé, je suis plus vieille que certains magistrats devant qui je plaide. T'imagines l'angoisse ? Fini la jeune pénaliste toute pimpante qui leur en mettait plein la vue. Maintenant je dois expliquer le Code pénal à des minets en costume Zara qui fument des cigarettes électroniques. »

*

Passant dans le couloir à la sortie d'une audience, une mère et son fils :

— Les violences avec les femmes, aujourd'hui, tout le monde peut raconter n'importe quoi. Tout le monde peut raconter ce qu'il veut.

— Oui, pis si j'avais vraiment voulu la détruire j'y aurais mis toute ma force. Et elle serait pas là à pleurer.

— Pis y'a quand même pire dans la vie.

*

Juge : « Il y a une chose encore plus perturbante pour un enfant que d'aller une semaine chez papa, une semaine chez maman, monsieur, c'est de voir papa hurler et taper sur maman. »

*

Avant que le prévenu parte en détention.

Juge : Vous avez des tendances suicidaires ?

Prévenu : Pas encore.

*

Avocat : « Madame, se sentant en danger, envoie un SMS au 114, le numéro d'urgence. Voilà la conversation, monsieur le président :

— Le 114 est le numéro d'urgence pour les sourds et malentendants. Veuillez contacter le 17.

— Je peux pas, il va me suivre !

— C'est bien dommage, bonne soirée à vous. »

Le juge laisse entrevoir, derrière la main qu'il a portée devant sa bouche, un discret sourire de consternation.

*

Il rencontre Élise au Super U de Molsheim, où elle est caissière. Il commence par un compliment, auquel Élise a le malheur de répondre « merci ». Ayant trouvé son adresse, il se met à lui envoyer des courriers, des fleurs, des colis. Des lettres d'amour par dizaines. Il s'est fait tatouer son prénom sur le poignet. Par peur,

Élise doit démissionner. Son médecin lui prescrit des anxiolytiques. Elle ne dort plus, envisage de déménager. Il n'arrive pas encore à arrêter de lui écrire, mais il assure y travailler avec son psychiatre.

Juge : « Chaque courrier qu'elle reçoit, c'est une violence. Chaque lettre, c'est une agression. D'autant que vos courriers sont complètement délirants. Celui-ci, par exemple, commence comme ça : “Oui, je suis un criminel, le plus grand criminel de toute l'histoire de l'humanité. Mais mon seul crime est de t'aimer, non pas d'un amour fou, mais d'un amour absolu. D'un ultra-amour.” »

Dans le public, un rang de collégiennes échange des regards, les joues échauffées par la peur ou la poésie.

*

Déposition de la famille du prévenu à la police : « Y ferait mieux de se suicider. Ça serait mieux pour nous, et un soulagement pour lui. Et inversement. »

*

« Je voudrais m'excuser encore une fois à tous ceux que j'ai fait du mal, à la dame, à le monsieur, je voudrais m'excuser à tous les policiers, à tous les tribunals, vraiment je m'excuse du fin fond du cœur, c'est pas pour faire le mal, c'est pas pour leur proposer des problèmes, le vol tu sais c'est la maladie des gens qu'ils ont pas le choix, pas le travail, qu'ils ont rien d'autre pour nourrir les enfants, je pense pas que Elon Musk il a besoin de vol, à part dans l'espace. Merci pour toute la parole monsieur le président. »

Prison ferme, mandat de dépôt.

REMERCIEMENTS
ET NON-REMERCIEMENTS

Merci

à Marc, qui a fait le nécessaire pour faciliter ma présence quotidienne en salle 101 alors que rien ne l'y obligeait ;

au personnel de sécurité pour sa patience et sa gentillesse ;

aux journalistes qui ont dû s'accommoder de ma présence parfois encombrante, et de ma curiosité parfois intrusive ;

aux policiers réservistes et aux huissiers pour leurs nombreuses anecdotes;

aux rares avocats qui ont pris le temps de discuter pendant les longs délibérés de fin de journée.

Pas merci

à la greffière qui a donné pour instruction de ne plus me laisser consulter les rôles d'audience;

aux trois jeunes qui m'ont pris pour un policier et ont cherché à m'intimider dans le hall du tribunal;

au distributeur de boissons défectueux qui engloutit les pièces sans rendre la monnaie.

#lisez! engagé
www.lisez.com
Pour plus d'information :
Imprimé sur du papier issu de forêts gérées durablement.

Imprimé en France par
CPI Firmin-Didot
N° d'édition : M18072/01. – N° d'impression : 179674